완전히 새로운 날을 살기로 했다

행복하냐고?
아니, 감사해!

완전히 새로운 날을 살기로 했다
행복하냐고? 아니, 감사해!

—

인쇄 2022년 6월 5일 1판 1쇄   **발행** 2022년 6월 10일 1판 1쇄

지은이 송태갑   **펴낸이** 강찬석   **펴낸곳** 도서출판 미세움
주소 (07315) 서울시 영등포구 도신로51길 4
전화 02-703-7507   **팩스** 02-703-7508   **등록** 제313-2007-000133호
홈페이지 www.misewoom.com

정가 17,000원

—

ISBN 979-11-88602-51-3   03040

송태갑 지음

행복하냐고?

완전히 새로운 날을 살기로 했다

아니, 감사해!

내가 틀리고

사회가 틀리고

하나님이 옳았다.

그래서

나는 완전히 새로운 날을 살기로 했다.

새로운 시작을 위하여

문득 내가 살아온 날들을 떠올려보았다. 요즘 정년이 몇 개월 남지 않아서인지 묘한 감정이 밀려온다. 그러나 나의 삶이 어떠했었는지 말해보라고 하면 딱 잘라 말하기 힘들 것 같다. 난 내가 삶을 살아온 것인지 삶이 나를 여기까지 데려 온 것인지 솔직히 확신이 서지 않는다.

때로는 치열하게 때로는 자유롭게 살았던 기억들이 마치 파편처럼 떠오르기는 하지만 일목요연하게 정리되지 않는 걸 보면 이제부터라도 삶에 대해 진지하게 생각해보아야 할 것 같다.

한숨 돌리고 세상을 보니 참 많이 변했구나 하는 생각이 든다. 또 나 자신을 보니 참 많은 것들을 소유하고 누리고 있다는 생각이 든다. 소년시절을 떠올려보면 그 시절 대부분의 사람들이 겪은 일이기는 하지만 가난이라는 것도 체험해 보았다. 그러나 그 시절이 지겹다거나 힘들었던 기억들보다는 즐거운 일만 떠오른다(물론 부모님은 힘드셨겠지만).

중고등학교 시절도 불행했다고 생각하지 않는다. 그때는 지금처럼 자유롭지 않았다. 두발이나 교복 등에 관한 규칙이 엄했고 선생님들도 마치 군대의 교관들처럼 무서웠다. 당시만 해도 체벌이 문제되지 않던 시절이었기 때문이다. 그럼에도 그 시절이 그리워지는 것을 보면 과거는 좋은 것만을 추억하게 하는 것 같다.

대학시절에는 자유와 낭만이라는 단어가 말해주듯이 그야말로 사는 것이 재미있었다. 그래봐야 막걸리에 파전이 고작이었지만 그런 만남에는 동질감과 연대감이 있었다. 통기타를 앞세워 시대의 아픔을 노래했으며 당구장을 도서관보다 더 많이 드나들었던 기억도 있다. 그러고 보니 언제 공부를 제대로 한 적이 있었나 싶을 정도로 친구들과의 관계에 더 치중했던 시절이었던 것 같다.

개인적으로 치열한 삶이 시작된 것은 대학원시절부터였던 것 같다. 학위과정을 마친 후 대학 강사를 잠깐 한 것을 빼면 줄곧 연구원으로서 지역정책연구를 수행하면서 지내왔다.

인생에 있어서 직장생활은 학창시절 못지않게 중요한 시기였다고 할 수 있다. 직장생활은 나에게 경제적인 문제를 해결해준 것은 말할 것도 없고, 사회를 알아가게 하는 데 크게 영향을 주었다. 아울러 그동안 지속해왔던 전문분야에 몰입할 수 있었고 또 더 많은 실용학문을 익힐 수 있게 해준 점을 들 수 있다.

하지만 내가 내 삶을 스스로 선택하며 살아왔는지 남들이 짜놓은 판을 좇아 사는 데 급급했는지 생각해보면 아쉬운 점이 적지 않다. 자기 삶에 전적으로 만족하는 사람이 얼마나 되겠는가. 그런 면에서 자족하는 마음을 가져보기도 한다.

새로운 삶을 살기 위해서는 새로운 마음가짐이 요구된다. 또 믿음과 결단 있는 용기가 필요하다. 기존의 사고 틀에서 벗어나 자신의 감정이나 이성의 한계를 초월한 새로운 영역의 새로운 지식들을 받아들여야 한다. 진리에 부합되지 않은 낡은 지식이나 정보들을 과감하게 버리고 자기를 괴롭히는 사상이나 이데올로기도 넘어서야 한다.

예를 들면 구약시대 아브라함은 집과 전토를 버리고 고향을 떠나 하나님이 지시하신 땅으로 아무런 미련 없이 향했다. 그뿐만이 아니다. 늦은 나이에 얻은 이삭을 하나님 말씀에 순종하며 제물로 바쳤다. 그를 그렇게 만든 것은 절대자에 대한 순수한 믿음과 견고한 용기 덕분이었다. 그래서 그는 궁극적으로 아무것도 잃지 않았다. 새로운 약속의 땅을 받았고 사랑스런 아들 이삭도 손가락 하나 다치지 않고 돌려받았다.

믿음이 없다면 용기가 생기지 않는다. 용기가 없으면 창의적인 길을 내걸을 수 없다. 창의적이고 자유로운 미래를 위해서 믿음이 필요하고 용기를 가져야 한다. 새로운 삶은 모든 과거로부터 단절을 의미하지 않는다. 오히려 새로운 의식, 새로운 믿음의 눈으로 보는 것이다.

아기가 태어날 때 어머니의 자궁에서 떠나지만 엄마의 젖을 먹고 엄마의 품 안에서 한참을 의지하며 이후로도 많은 뒷바라지가 필요한 것처럼 자식은 늘 부모와 연결되어 있다.

그런 것처럼 사람과 자연은 창조주이신 하나님과 연결되어 있다. 다만, 세상에는 자기를 낳아준 생모를 모르고 자란 고아들도 있듯이 사람들이 하나님을 다 알고 믿는 것은 아니다. 그렇더라도 살아가는 데 아무런 불편을 느끼지 못한다고 말할지도 모른다.

하지만 누구도 스스로의 의지로 태어날 수 없고, 누군가의 보살핌을 받고 자란다. 우리는 우리의 지혜대로 잘 살고 있다고 생각할지 모르지만 사실은 자연의 혜택, 또 이웃들의 도움, 하나님이 공급하시는 에너지로 살아가고 있다는 점을 간과해서는 안 될 것이다.

더 중요한 것은 하나님은 우리가 우리를 사랑하고 부모가 우리를 사랑하시는 것보다 더 우리를 사랑하신다는 점이다. 하나님은 자신의 독생자 예수 그리스도를 이 땅에 보내주셔서 십자가에 내어줌으로써 온 인류를 구원하시게 하셨다.

또 세상 끝나는 날까지 우리와 함께 하시겠다고 약속하신 임마누엘 하나님을 잊어서도 안 되겠다. 나아가 온 인류를 전쟁도 없고 죽음도 없는 평화와 사랑으로 가득 찬 하나님의 낙원으로 우리를 초대했다는 점이다. 우리가 하나님과 이웃들을 더불어 사랑해야 하는 이유다.

엊그제 소천하신 우리나라 최고의 지성으로 자타가 공인하는 이어령 선생님의 경우도 자신의 삶은 실패한 인생이라고 말씀하셨다. 물론 겸손이 묻어나는 말씀이긴 하지만 이어령 선생님은 그 이유에 대해 구체적으로 밝히셨다. 본인은 자신의 일을 하느라 자신의 그림자하고만 놀았던 것 같다고 고백했다. 그래서 가족이나 친구들과 다정하게 동행하지 못한 것에 대한 아쉬움을 드러내셨다.

비단 이어령 선생님만의 고백일까? 우리 사회는 과도하게 경쟁을 하도록 강요하고 있다. 남을 이기는 것이 마치 성공인 것처럼 착각하게 만들 정도다. 나이 지긋한 어르신도 이런 말씀을 하실 정도인데 지금의 청소년들은 과연 어떤 심정일까? 유소년기에는 학교와 학원을 전전하고 청년들은 마음 편하게 자유와 낭만을 만끽할 시기에 구직이나 결혼, 내 집 마련 등에서 상실감을 느낄 수밖에 없을 것이다.

별과 달과 자연을 노래하며 벗들과 함께 호연지기를 길러야 할 시기에 경쟁의 늪에서 헤어나지 못하고 있고 따스한 햇살을 받으며 치유를 받아도 시원치 않을 판에 살벌한 칼바람에 맞서야 하는 현실이 너무 안타까울 뿐이다.

왜 세상은 이처럼 비틀거리는 걸까? 우리 모두가 바로 잡지 않으면 혼돈의 소용돌이 속으로 빨려 들어갈 우려가 있음을 지적하지 않을 수 없다. 코로나 사태가 우리에게 일러준 교훈은 남의 불행으로 우리가 행복해질 수 없다는 것이다. 우리의 삶은 서로 그물망처럼 연결되어 있고 서로에게 전해지는 속도는 상상을 초월한다.

세상에서 발생하는 문제 자체가 어느 한쪽에서 풀어나갈 수 없는 것들이 대부분이다. 아마도 하나님께서 다 같이 머리를 맞대고 풀어가라는 뜻이 담겨 있는 것 같다.

모든 일에는 때가 있다. 그 시기에 알맞은 일 들이 있는 것 같다. 인생의 시기도 유소년기, 청년기, 장년기, 노년기 등으로 나누어지듯이 그때마다 하고 싶은 일, 해야 할 일이 따로 있는 것이다. 그런 바람대로 삶이 이루어질 수 있도록 전력투구해야 한다. 우리 삶에서 믿음, 절제, 배려, 용서, 사랑 등이 필요한 이유가 여기에 있다. 서로 돕고 나누고 보살펴야 한다. 그렇게 될 때 내 삶도 이웃의 삶도 더불어 행복해질 수 있다.

지나간 것은 지나간 대로 또 새로운 시대는 새로운 사고로 시작해야 할 것이다. 우리는 하루, 일주일, 한 달, 일 년 등 새롭게 시작할 기회가 주어진다. 새 술은 새 부대에 담아야 한다. 지금까지 우리가 외형적인 삶에 치중했다고 한다면, 또 물질적인 풍요에 초점이 맞추어져 있었다면, 이제 우리의 내면에 주목할 필요가 있다.

> 사람이 먹고 마시며 수고하는 것보다 그의 마음을 더 기쁘게 하
> 는 것은 없나니 내가 이것도 본즉 하나님의 손에서 나오는 것
> 이로다.(전도서 2:24)

이 말씀에서 주목할 부분은 모든 기쁨이 하나님의 손에서 나
온다는 점이다. 그도 그럴 것이 우리를 창조하신 분이 우리가 무
엇을 해야 기쁜지 가장 잘 알고 계실 것이기 때문이다. 우리가 먹
고 마시고 일하는 일련의 과정이 사실은 하나님의 축복이라는 것
이다. 그래서 그 안에 숨겨진 기쁨을 찾아 잘 누릴 필요가 있다.

하나님도 태초에 천지만물과 사람을 창조하시고 "보시기에 좋
았더라."고 말씀하셨다는 점을 떠올릴 필요가 있다. 우리가 만물
과 사람들을 찬찬히 살펴본다면 아름다운 부분을 발견할 수 있
다. 그런 것들에 감동(感動)하게 되면 감사(感謝)하는 마음이 생길
것이고 사랑이 무럭무럭 피어날 것이다. 그래서 우리의 삶에 기
본적으로 늘 기쁨이 있어야 한다.

> 항상 기뻐하라.
> 쉬지 말고 기도하라.
> 범사에 감사하라.
> 이것이 그리스도 예수 안에서
> 너희를 향하신 하나님의 뜻이니라.(데살로니가전서 5:16~18)

내가 기쁨을 찾은 것은 예수님을 만났기 때문이다. 예수 그리
스도는 인류를 구원하시기 위해 십자가의 희생을 자처하셨으며
그 분의 부활을 통해 우리는 다시 기쁨을 회복할 수 있게 된 것이

다. 이보다 더 큰 감동을 어디에서 찾을 수 있겠는가?

감동은 때로 누군가의 희생을 필요로 한다. 우리를 미소 짓게 하는 것들에 대해 무심코 지나쳤다면 그 배후에 반드시 감사할 만한 것이 있다는 점을 간과해서는 안 될 것이다. 예수님의 삶이 그렇다.

인자가 온 것은 섬김을 받으러 온 것이 아니라 섬기려 하고 자기 목숨을 많은 사람의 대속물로 주려함이라.(마태복음 20:28)

감동은 우리를 치유해준다. 그래서 감동은 감사를 낳고 감사는 믿음과 사랑을 낳는다. 예수님의 희생에 우리는 감동한다. 그래서 감사한다. 그래서 우리가 그 분의 말씀을 믿고 사랑을 품을 수 있게 된 것이다. 이제 우리는 기쁨으로 사랑으로 살아야 한다. 그것이 예수님이 우리에게 주는 새로운 시대에 걸맞은 새로운 법이다.

새 계명을 너희에게 주노니 서로 사랑하라. 내가 너희를 사랑한 것 같이 너희도 서로 사랑하라.(요한복음 13:34)

새 계명으로 선포된 사랑의 법은 성령의 법으로 우리 마음 판에 새겨짐으로써 우리의 삶을 돕고 하나님 나라의 확장을 도울 것이다. 성령은 우리에게 주어진 은혜의 선물로써 우리 기쁨의 원천이다.

너희가 회개하여 각각 예수 그리스도의 이름으로 세례를 받고 죄 사함을 얻으리라. 그리하면 성령을 선물로 받으리니.(사도행전 2:38)

그동안 우리의 삶이 지나치게 세상에 시선을 두었거나 자신의 자유의지에 의존했다면 이제 새롭게 선물 받은 성령의 법으로 기쁨을 누릴 수 있으면 좋겠다.

너의 행사를 여호와께 맡기라. 그리하면 네가 경영하는 것이 이루어지리라.(잠언 16:3)

내 삶에서 행하는 모든 일, 또 이루어진 모든 일들이 마치 자신의 힘에 의한 것이라고 착각할 수도 있다. 그러나 그렇지 않다. 우리가 나무를 심고 물을 줄 수는 있지만 자라게 하시는 분은 하나님이시라는 것을 잊어서는 안 되겠다.

2022년 5월
저자 송태갑

차 례

완전히,

새로운 날을 살아라

타인의 시선이 뭐 그리 중요한가.
언제까지 남들의 생각이 나를 움직이게 할 것인가.
일평생 그렇게 살 순 없잖아.
그래야 비로소 나를 만날 수 있다.

어제의 기억에 의존하거나 과거의 지식에 집착하여 앞으로 걸어가는 것에 도움이 되지 못한다면 과감히 모든 것을 버려야 한다. 만약 과거를 생각하고 싶다면 얼마나 많은 날들을 자신의 형이상학에 갇혀서 신의 메시지를 거부했는지를 돌아보아야 하지 않을까.

어제의 추억을 떠올리고 싶다면 지금 신이 나와 마주하고 있다고 생각해야 하지 않을까. 앞으로 진일보하고 싶다면 나만의 논리 속에서 이루어지고 있는 사고(思考)의 조작을 과감히 수정해야 한다. 내가 어떤 사람인지를 알고 싶다면 내가 신의 인격을 가졌는지 살펴보아야 할 것이다. 그렇지 못하다면 모든 것을 과감히 버려야 한다. 나를 비워야 한다. 새로운 지식으로 새로운 생각으로 다시 채워나가야 한다.

잘못된 생각을 가진 사람이 버려야 할 것은 일관성이다. 그 일관성은 무서운 관습이 되어 자신을 칭칭 감아버릴 것이다. 그것이 누구에 의한 것인지 묻지 말고 하나하나 풀어내어 실마리를 찾아야 한다. 그 일관성이 성스러운 영혼과 아무런 관련성이 없다면 시급히 버려야 한다.

예수님은 자신을 따르려거든 과거를 버리고 자신의 생각을 버리라고 말씀하셨다.

여호와께서는 아브람에게 이르시되 너는 너의 고향과 친척과 아버지의 집을 떠나 내가 네게 보여줄 땅으로 가라.(창세기 21:1)

또 내 이름을 위하여 집이나 형제나 자매나 부모나 자식이나 전토를 버린 자마다 여러 배를 받고 또 영생을 상속하리라.(마태복음 19:29)

위의 말씀은 인간의 상식으로는 도저히 이해되지 않을 수 있다. 하지만 누가 인간적인 생각으로만 살아야 한다고 했던가. 그것이 사람의 도리라고 했던가. 적어도 예수님은 그런 말씀을 하시지 않았다. 우리 마음속에 당신의 마음을 품으라고 했고 마땅히 생각할 바를 생각하라고 하셨다.

너희 안에 이 마음을 품으라. 곧 그리스도의 예수의 마음이니 그는 근본 하나님의 본체시나 하나님과 동등 됨을 취할 것으로 여기지 아니하시고 오히려 자기를 비워 종의 형체를 가지사 사람들과 같이 되셨고 사람의 모양으로 나타나사 자기를 낮추시고 죽기까지 복종하셨으니 곧 십자가에 죽으심이라. 이러므로 하나님이 그를 지극히 높여 모든 이름 위에 뛰어난 이름을 주사 하늘에 있는 자들과 땅에 있는 자들로 모든 무릎을 예수의 이름에 꿇게 하시고 모든 입으로 예수 그리스도를 주라 시인하여 하나님께 영광을 돌리게 하셨느니라.(빌립보서 2:5~11)

우리 영혼의 주인은 우리 자신이 아니라는 것에 주목할 필요가 있다. 말도 안 되는 소리라고 당연히 항변하고 싶을 것이다. 내가 먼저 해결할 일이 있다고 반문할 수 있을 것이다. 하지만 진리는 단호하다.

그런즉 너희는 먼저 그의 나라와 그의 의를 구하라 그리하면 이 모든 것을 너희에게 더하시리라.(마태복음 6:33)

왜 그럴까?

예수님은 우리를 위해 상상할 수 없을 정도의 사랑으로 우리 영혼을 구원하시기 위해 자신을 희생하셨다. 십자가에서 죽으셨고 사흘 만에 부활하셨다. 예수님 덕분에 그를 믿는 자마다 영생을 선물로 받을 수 있게 된 것이다. 그래서 믿는 자들은 그에게 빚진 자들이다. 그 빚의 크기는 내가 가지고 있는 소유 전부와 나의 명예, 앞으로 헌신할 약속 모두를 합쳐도 갚을 수 없는 것들이다.

우리의 삶은 예수님 사랑으로 차압당한 인생이라고 할 수 있다. 자기 마음대로 자기 자신과 자기소유를 처분할 수 없는 처지인 것이다. 그래서 그 진리를 인정하고 겸손하게 기쁨으로 하나님을 입으로 시인하고 마음으로 받아들이며 예수님을 닮아가는 삶을 살아야 할 것이다.

또 우리는 하나님 영광을 위해 창조되었기 때문이다. 그것이 인간이 가져야 할 첫번째 본분이라고 할 수 있다.

그런즉 너희가 먹든지 마시든지 무엇을 하든지 하나님의 영광을 위하여 하라.(고린도전서 10:31)

이 모든 것이 너희를 위함이니 많은 사람의 감사로 말미암아 은혜가 더하여 넘쳐서 하나님께 영광을 돌리게 하려 함이라.(고린도후서 4:15)

우리가 신앙 안에서 자라가지 못하는 것은 우리가 주목하는 것이 예수님과 다르고 우리가 생각하는 것이 예수님과 다르기 때문일 것이다. 바울도 그 점을 지적하고 있다.

우리가 주목하는 것은 보이는 것이 아니요 보이지 않는 것이니 보이는 것은 잠깐이요 보이지 않는 것은 영원함이라.(고린도후서 4:18)

우리가 겉 사람에 주목하는 것에서 속사람에 주목해야 하는 이유가 여기에 있다.

그러므로 낙심하지 아니하노니 우리의 겉사람은 낡아지나 우리의 속사람은 날로 새로워지도다.(고린도후서 4:16)

우리에게 소동파(蘇東坡, 1037~1101)로 알려진 북송의 시인 소식(蘇軾)이 스무 살 되던 해에 그의 동생 소철(蘇轍, 1039~1112)과 함께 부친 소순(蘇洵, 1009~1066)을 모시고 과거시험을 보러가는 길에 지금의 허난성(河南城)에 있는 면지(澠池)라는 곳을 지나게 되었다. 어쩌다가 어느 사찰에 묵게 되었는데 봉한(奉閑)이라는 노승으로부터 극진한 대접을 받게 된 것이다. 그것에 감사해서 벽면에 시를 한 수 적게 되었다. 3년 후 그곳을 지나다가 다시 들러 감회를 적은 〈화자유면지회구(和子由澠池懷舊)〉라는 시(詩)가 명작으로 남게 되었다.

人生到處知何似(인생도처지하사)
應似飛鴻踏雪泥(응사비홍답설니)
泥上偶然留指爪(이상우연유지조)
鴻飛那復計東西(홍비나부계동서)

老僧已死成新塔(노승이사성신탑)
壞壁無由見舊題(괴벽무유견구제)
往日崎嶇還記部(왕일기구환기부)
路長人困蹇驢嘶(노장인곤건려시)

정처 없는 인생은 무엇과 같을까.
날아가던 기러기가 눈 내린 진흙 위에 내려선 것과 같네.

진흙 위에 우연히 발자국을 남기긴 하여도
날아간 기러기 어디로 갔는지 어찌 알겠는가.

늙은 스님은 이미 죽어 새로운 돌탑이 생기고
무너진 벽에는 옛글의 자취도 찾을 수 없네.

지난날의 힘겨운 여로를 그대 기억하는가.
먼 길에 사람은 지치고 절름발이 나귀는 울부짖었지.*

3년 만에 다시 찾은 소식(蘇軾)은 생생한 기억을 떠올리며 감회에 젖는다. 하지만 노승은 죽고 사찰에 적어 놓은 옛글도 흔적을 발견할 수 없었다. 자신의 과거 추억을 아무도 기억해주지 않는다. 그래서 그는 또 시를 썼다. 그는 감회에 젖었고 나름 인생에 대한 깨달음을 기러기에 빗대어 소회를 읊은 것이다.

아마 언젠가는 또 없어질지도 모르는 것들을. 기러기가 넓은 창공을 날다가 우연히 눈 덮인 진흙 위에 앉았다. 잠시 후 기러기가 자리를 뜨자 눈은 쌓이고 아무런 흔적을 찾을 수 없었다.

인간도 마찬가지로 족적(族籍)을 남기고 싶어 하지만 흔적도 없

* 뤄위밍 저/ 나진희 역(2013), 잠시라도 내려놓아라. PP 31~32, 아날로그

22

이 사라지는 경우도 있고 끊어질 듯 겨우 이어지는 경우도 있을 것이다. 그것이 역사이다. 어쨌든 고마운 역사든 억울한 역사든 지나고 나면 회한(悔恨)만이 남을 뿐이다. 소식이 무엇을 깨달았고 어느 정도 깨달았는지를 말하려는 것이 아니다.

세상의 이치는 누구에게나 적용되며 공평하게 전개된다. 다만 자연을 보고, 세월을 보내며 누군가는 무엇인가를 깨닫고 인생의 올바른 방향을 찾으려 노력한다. 하지만 누군가는 아무런 고민도 없이 세상풍조에 자신을 내맡기는 경우도 없지는 않는 것 같다.

세상은 끊임없이 흘러가고 변한다. 변하는 것들에 집착할 것이 아니라 변하지 않는 진리에 대해 관심을 가져야 할 것이다. 언젠가 사라지고 말 자신의 족적에 미련을 가질 것인지 날마다 새로운 마음으로 새롭게 살 것인지를 선택하는 것은 각자의 몫이다.

〈오늘부터 나로 살기로 했다〉

내가 세상을 힘들게 사는 것은 반드시 남의 탓만은 아니다.
어쩌면 아직 자신이 누구인지 제대로 알지 못하기 때문일 수 있다.
그래서 나라는 존재를 찾는 것이야말로 가장 시급한 일일지도 모른다.

나를 찾지 못한 사람은 쉽게 방황에서 벗어나지 못하며
좋지 않은 일이 생길 경우 남의 탓으로 돌리는 경향이 있으며
끊임없이 세상을 향해 뭔가를 주절거린다.

자신의 정체성을 모르는 사람은 남에게 자신을 분명히 드러낼 수 없다.

그래서 지나치게 남의 눈치를 보거나 세상의 평판을 의식하며
살아간다.
세상을 향해 자신을 속이고 얼마나 언제까지 변명만 일삼으며
살아갈 것인가.

자신을 찾게 되면 더불어 자신감도 찾게 된다.
오늘부터 있는 그대로의 자신을 바라보자.
그리고 그 모습 그대로 겸허하게 받아들이자.
자신을 뽐내며 교만하지 말고 자신에 대해 상심하지도 말자.
자칫 삐쳐나오려고 하는 자부심이나 열등의식은 가슴 속에 묻
어두자.
마치 언제나 그랬던 것처럼 만면에 담담한 미소를 띠우자.

내가 남들의 시선을 의식하며 그들에게 친절했던 것처럼
나 자신을 위해서도 그렇게 하자.
내가 어때서 나정도면 괜찮아, 토닥토닥 다독여주자.
세상에 하나밖에 없는 하나님의 위대한 작품이라고.
나는 사랑받기 위해 태어난 사람이라고.

타인의 시선이 뭐 그리 중요한가.
언제까지 남들의 생각이 나를 움직이게 할 것인가.
일평생 그렇게 살순 없잖아.
그래야 비로소 나를 만날 수 있다.

이제 가면을 벗어던지고 나의 옷으로 갈아입자.
그리고 미처 포장지도 뜯지 않은 채
내 안에 그대로 방치되어 있는

'인간의 고결한 품격'이라고 적힌 선물상자를 찾아서 열어보자.
아마도 그 상자 안에는 사랑, 믿음, 소망, 겸손, 친절, 배려, 자
비, 웃음 등의 보물들로 가득 차 있을 것이다.

이제 그것들을 상자에서 하나하나 꺼내어 사용해보자,
남에게도 아낌없이 나누어주자.
그러면 세상이 나를 움직이게 하는 것처럼
나도 세상을 움직일 수 있다.
비록 그것이 아주 미약할지라도.

그 보물 상자는
아무리 많이 사용해도
마치 화수분처럼 금방 채워질 것이다.

그래 바로 그거야!
나는 오늘부터 나로 살기로 했다.

시선이

삶의 방향을 결정한다

나뭇잎은 나무에 달려 있을 때 가장 아름답다.
마치 춤을 추듯 작은 바람결에도 살랑거리며
온 세상을 다 가진 양
밝게 웃는 모습이 참 보기 좋다.

철학가 최진석은 삶의 질을 높이기 위해서는 시선의 높이를 끌어올려야 한다고 했다. 그는 예를 들어 설명했는데 피아노를 잘 치는 사람을 피아니스트(Pianist)라고 하고 음악을 전반적으로 이해하는 사람을 음악가(Musician)라고 한다면 음악에 철학을 담고 인문을 담아 예술로 승화시키는 사람을 아티스트(Artist)라 부른다고 했다.

말하자면 피아니스트나 음악가는 이미 있는 길을 가는 단계라면 아티스트는 기존에 없는 길을 가는 사람이라고 이야기했다. 기존의 길을 답습하는 사람은 계획한 것을 성취하는 사람이라면 새로운 길을 가는 사람은 길을 개척하고 새로운 메시지를 창의적으로 전달하는 사람이라고 할 수 있을 것이다.

그래서 시선의 높이를 어디에 두며 살 것인가에 따라 삶의 질이 달라질 수 있다는 것을 설명하고 있다. 그는 덧붙여 후진국, 중진국, 선진국도 이와 비슷한 개념이라고 설명하고 있다. 선진국이라는 위상을 경제적 측면만 보고 단정해서는 안 된다는 것이다.

진정한 선진국은 기존에 존재하지 않는 무엇인가를 창안하고 그것으로 세계를 선도하는 국가가 되어야 한다고 했다. 그리고 한국이 선도국가가 되려면 바로 그런 창의적인 국가가 되어야 한다고 말하기도 했다.

그런 측면에서 보면 한글은 전 세계적으로 한국이 절대적으로 저작권을 행사할 수 있는 최고의 창작품이라고 할 수 있을 것 같다. 지금 세계적으로 선풍적인 인기를 끌고 있는 한류(K-Culture) 열풍은 그 한글에 바탕을 두고 있기 때문이다.

외국 사람들은 한글로 얘기하는 한국 사람들이 너무 멋있다고 말한다. 한국말 자체가 너무 시끄럽지 않고 너무 힘이 없지도 않으며 뭔가 운율이 느껴진다고 한다. 그러니 그것으로 노래하고 연기하는 것은 얼마나 더 멋있어 보일까. 세계인들이 K-POP, K-Drama, K-Food. K-Play를 좋아하는 이유를 조금은 알 것 같았다.

나는 생각해 보았다. 시선의 높이 못지않게 시선의 방향이 중요하지 않을까. 내가 산을 가고 싶으면 산을 향해 걸어가야 한다. 내가 공원에 가고 싶으면 공원 쪽으로 시선을 두고 걸어가야 한다. 산이나 공원에 가고 싶은 데 시선은 마트나 병원을 향하고 있다면 그 사람 멀리 가지 못하고 넘어지거나 정신이 없어 어지러움을 호소할 것이다. 내가 도달하고 싶은 곳과 내 시선이나 마음이 다른 곳에 가 있다면 가고 싶은 곳에 도달하지 못할 뿐 아니라 도달한다고 해도 만신창이가 된 후일 것이다.

사람은 누구나 인생의 목표를 향해 걸어가고 싶어 한다. 그렇다면 시선이 그곳을 향하고 있는지 살펴볼 필요가 있다. 학교나 도서관에 가야할 학생의 시선이나 마음이 게임방이나 노래방에 가 있다면 아무리 명문학교나 훌륭한 선생님이라 할지라도 그 학생이 좋은 성적을 내게 하기는 어려울 것이다.

많은 산악회 회원들이 건강이나 다이어트를 위해 산을 찾는다.

그러나 그들의 가방이나 버스 안에는 술과 먹거리로 잔뜩 채워져 있다. 그들의 바람대로 건강이나 다이어트에 그다지 많은 도움은 안 될 것이 분명하다.

사람은 누구나 자신이 세운 목표를 달성하고 싶고 성공하고 싶고 궁극적으로 행복해지고 싶어 할 것이다. 그렇다면 자신이 세운 목표에 시선과 생각을 집중시킬 필요가 있다. 올바른 시선은 넘어지게 하지 않게 할 것이며 설령 넘어진다고 해도 생각이 다가와 일으켜 세워 줄 것이며 그는 다시 일어서서 목표점을 향해 걸어갈 수 있을 것이다.

산이 보인다고 길이 늘 그쪽을 향해 있는 것만은 아니다. 때로는 좌측으로 우측으로 안내할 것이다. 또 차가 막혀서 앞으로 나아가기 힘든 경우도 만날 것이다. 그렇다고 다른 길을 찾다가 낭패를 볼 수도 있다. 요즘 신설도로가 많고 개발이 너무 빨라져서 운전하면서 특정 장소를 찾아가기가 점점 어려워지고 있다.

그래서 알 만한 장소도 가급적 GPS정보를 제공하는 네비게이션에 의존하여 찾아갈 때가 많다. 그런데 어느 날 평소 다니던 길이라서 네비게이션이 지시하는 것을 무시하고 그냥 내 생각대로 그냥 가게 되었다. 한참을 달리다 보니 한쪽 차선을 공사하고 있었다. 그러다 보니 정체가 심해져 전혀 속도를 낼 수가 없었다. 네비게이션의 안내를 따를 걸 하고 후회했지만 이미 늦어 아무 소용이 없었다. 그저 쓴웃음을 지을 수밖에 없었다.

누구나 친구들과 오랫동안 우정을 나누기를 원하지만 내 시선이나 마음이 자기 쪽에만 쏠려 있다면 그 우정은 오래가지 못할 것이다. 세상과 사랑으로 소통하기 원하지만 이기적인 마음에 사로 잡혀 타인에게 눈길을 주지 않는다면 세상도 그에게 더 이상 눈길을 주지 않을 것이다.

　우리 속담에 눈에서 멀어지면 마음에서 멀어진다는 말이 있다.
그렇다. 시선과 생각의 방향은 그래서 인생을 살아가는 데 있어
서 너무나 중요한 것 같다.

〈떨어지는 나뭇잎에서 사랑을 보았다〉

나뭇잎은 나무에 달려 있을 때 가장 아름답다.
마치 춤을 추듯 작은 바람결에도 살랑거리며
온 세상을 다 가진 양 밝게 웃는 모습이 참 보기 좋다.

그런데 겨울이 채 오기도 전에 많은 잎들이
지면으로 떨어져 애처롭게 나뒹굴고 있다.
나뭇잎은 비정하게 나무로부터 버려진 것일까?

아니다.
나무는 나뭇잎이 춤추는 것을 도와주기 위해
에너지를 다 써버렸고
더 이상 나뭇잎을 달고 있기에 버거웠던 것이다.

그렇다고 나무가 나뭇잎을 일부러 떨어뜨리는 것이 아니다.
나뭇잎은 그것을 알아차리고 스스로 낙엽이 된 것이다.
역설적이지만 서로 너무 사랑한 나머지
잠시 이별을 택한 것이다.
덕분에 나무는 겨울을 잘 보낼 수 있다.

떨어진 나뭇잎은 나무 아래에서 당연하다는 듯이
스스로 썩어져간다.

그리고 나무 뿌리에 스며들어 나무가 재충전할 수 있도록
에너지가 되어준다.

새로운 봄
썩어진 나뭇잎은 나무의 자양분이 되어
새잎으로 다시 태어난다.
나무와 나뭇잎은 따스한 봄 햇살의 응원을 받으며
멋진 재회를 한다.

나무와 나뭇잎의 사랑이야기는
누군가와 사랑한다는 것은
서로에게 에너지를 주는 일이라는 것을 알게 한다.
참사랑을 이루기 위해서 때로는
잠시 아플 수 있다는 것도 가르쳐준다.

순전한 사람

풀이 노래하네요.
피리가 부러웠나보네요.
풀이 춤을 추네요.
바람이 칭찬했나보네요.

성서에 나오는 말씀 중에 주목해야 할 단어가 있는데 바로 '순전'이라는 단어. 왜냐하면 욥이 순전하고 정직하다고 칭찬을 받았고 우리도 그런 신앙을 본받아야 하기 때문이다. 순전(純全)하다는 것은 '순수하고 완전하다'는 뜻으로 영어로는 pure, sheer 등이 있고 성서에는 Perfect나 Blameless 등도 사용하고 있다.

어떻게 하면 이런 순전한 사람이 될 수 있을까? 세상에 완전하고 흠결이 없는 사람이 있을까? 성서에 나오는 아브라함, 이삭, 야곱, 다윗, 솔로몬 등은 하나님으로부터 칭찬받은 사람들이다. 그런데 알고 보면 다 흠결이 있는 사람들이었다.

그렇다면 무엇을 두고 칭찬하신 것일까? 바로 믿음을 칭찬하신 것이다. 우리가 완전해질 수 있는 유일한 방법이 있는데 완전한 분 안으로 들어가는 수밖에 없다. 욥은 자신을 온전히 하나님께 맡겼다는 의미로 하나님의 존재를 절대적으로 믿고 말씀대로 살았다.

예수님은 우리에게 새로운 약속을 주셨다. 네가 무거운 짐을 다 내려놓고 내안으로 들어오라고 말씀하셨다.

내 안에 거하라 나도 너희 안에 거하리라 가지가 포도나무에 붙어 있지 아니하면 절로 과실을 맺을 수 없음같이 너희도 내 안

에 있지 아니하면 그러하리라. (요한복음 15:4)

　구약시대에는 제사가 굉장히 중요했다. 그러다보니 당연히 성막, 성전도 중요했다. 얼마나 성스러운 곳인지 모른다. 그리고 제사장 역할도 중요했다. 얼마나 권위 있는 자리인지 모른다. 일반 사람들에게는 하나님을 아는 지식도 제한되었었다. 먼저 하나님께 선택받은 사람이 하나님의 메시지를 전해주었다. 그 사람들을 제사장이나 선지자라고 불렀다.

　그런데 예수님은 이런 것들을 어떻게 바꾸어놓았나요? 제사는 예배로 바꾸셨다. 떡과 짐승과 술로 드리는 제사가 아니고 믿음으로 드리는 요컨대 우리 삶을 예배로 받으시기를 바라신 것이다. 예배장소에 대한 개념도 바꾸셨다. 이산도 아니고 저산도 아니고 그렇다고 커다란 성전도 아니라 신령과 진정(진리)으로 예배를 드리라는 것이다.

　하나님은 영이시니 예배하는 자가 영과 진리로 예배할 지니라.

　(요한복음 4:24)

　예배에서 가장 중요한 것은 믿음이다. 믿음으로 하되 예수님 이름으로 드리면 된다. 제사장은 누구인가요? 구약시대에는 하나님께 기름부음을 받은 자로 하나님을 알현하고 하나님께 아뢰며 종교적인 전례를 맡은 특권을 가진 사람이다. 그런데 예수님의 은혜로 믿는 우리가 제사장의 신분이 된 것이다. 그것도 왕 같은 제사장으로 신분이 바뀌었다.

　오직 너희는 택하신 족속이요 왕 같은 제사장들이요 거룩한 나라요 그의 소유된 백성이니 이는 너희를 어두운 데서 불러내어

그의 기이한 빛에 들어가게 하신 자의 아름다운 덕을 선전하게 하려 하심이라. (베드로전서 2:9)

이제는 선지자 요즘으로 치면 목사들의 가르침에 의존하는 신분이 아니라는 점이다. 얼마나 큰 축복인가요? 하나님께서 성령을 보내서 직접 가르쳐 주시고 생각나게 하신다. 그러니 세상 지식과는 비교도 안 되는 지혜를 우리는 하나님께 직접 배울 수가 있는 것이다.

보혜사 곧 아버지께서 내 이름으로 보내실 성령 그가 너희에게 모든 것을 가르치시고 내가 너희에게 말한 모든 것을 생각나게 하시리라. (요한복음 14:26)

너무나 놀라운 사실은 하나님을 그냥 순전하게 어린아이같이 믿고 의지한다면 내 인생의 운전은 하나님이 하신다는 점이다. 나는 옆자리에 타고 있으면 된다. 나를 경영하시는 하나님이심을 믿어야 한다.

사람이 마음으로 자기의 길을 계획할지라도 그 걸음을 인도하는 자는 여호와시니라. (잠언 16:9)

믿음으로 말미암아 그리스도께서 너희 마음에 계시게 하옵시고 너희가 사랑 가운데서 뿌리가 박히고 터가 굳어져서 능히 모든 성도와 함께 지식에 넘치는 그리스도의 사랑을 알아 그 넓이와 길이와 높이와 깊이가 어떠함을 깨달아 하나님의 모든 충만하신 것으로 너희에게 충만하게 하시기를 구하노라. (에베소서 3:17~19)

하나님은 우리가 우리를 아는 것보다 훨씬 더 자세히 우리를 알고 계신다. 정말 중요한 사실은 이 세상에 사는 인생은 마치 여행 온 나그네처럼 살아야 한다는 점이다. 마치 천년만 년 살 것처럼 사는 것은 아닌지 생각해볼 일이다. 우리는 더 아름답고 더 완벽한 아버지의 나라가 기다리고 있다는 점을 생각하면 참으로 여기 있어도 즐겁고 저기 있어도 즐거운 인생이 아닐 수 없다.

성서에 나오는 욥의 이야기를 잠시 해보자. 자기가 키우던 가축도, 사랑하는 자식도, 자기 안위도 소중하지 않은 사람이 어디 있겠는가. 그러나 욥은 모든 것을 잃었다. 고통 받는 것에 대해 기분 좋은 사람이 어디 있겠는가. 그러나 하나님을 믿는 다는 것은 해피엔딩이라는 것을 알기 때문에 그것을 불행이라고 생각하지 않을 뿐이다.

> 권력이 있으면 행복할 것 같고
> 돈이 있으면 뭐든 할 수 있을 것 같고
> 건강하면 바랄 것이 없을 것 같지만
> 그것도 순간이고 영원한 것이 아니며
> 우리가 하나님 나라 가는 데는 아무런 도움이 되지 못한다.
> 오히려 성경은 고난이 유익이라고 말씀하신다.

> 고난당한 것이 내게 유익이라 이로 인하여 내가 주의 율례를 배우게 되었나이다.(시편 119:71)

차라리 자기가 약해지고 부족하다고 느낄 때 하나님의 은혜가 흘러들어간다. 인생은 길다고 하면 길고 짧다고 하면 짧다고 할 수 있다. 다 지나고 보면 순간이고 하나님의 시간에서 보면 찰라 같은 시간에 불과하다.

하찮게 보면 흙 속의 먼지 같은 존재일 수도 있다. 하지만 이런 우리 한 사람 한 사람의 생명을 귀하게 여기셔서 자녀 삼아주시고 평생 당신 품안에 품으시고 함께 하시고자 직접 독생자가 되시어 십자가 고난의 길을 선택하시고 감당하셨다는 것을 생각하면 감사와 찬양을 드리지 않을 수 없다.

우스 땅에 욥이라 불리는 사람이 있었는데 그 사람은 순전하고 정직하여 하나님을 경외하며 악에서 떠난 자더라. 그 소생은 남자가 일곱이요 여자가 셋이며 그 소유물은 양이 칠천이요 약대가 삼천이요 소가 오백 겨리요 암나귀가 오백이며 종도 많이 있었으니 이 사람은 동방 사람 중에 가장 큰 자라. 그 아들들이 자기 생일이면 각각 자기의 집에서 잔치를 베풀고 그 누이 셋도 청하여 함께 먹고 마시므로 그 잔치 날이 지나면 욥이 그들을 불러다가 성결케 하되 아침에 일어나서 그들의 명수대로 번제를 드렸으니 이는 욥이 말하기를 혹시 내 아들들이 죄를 범하여 마음으로 하나님을 배반하였을까 함이라 욥의 행사가 항상 이러하였더라. 하루는 하나님의 아들들이 와서 여호와 앞에 섰고 사단도 그들 가운데 왔는지라. 여호와께서 사단에게 이르시되 네가 어디서 왔느냐 사단이 여호와께 대답하여 가로되 땅에 두루 돌아 여기 저기 다녀왔나이다. 여호와께서 사단에게 이르시되 네가 내 종 욥을 유의하여 보았느냐 그와 같이 순전하고 정직하여 하나님을 경외하며 악에서 떠난 자가 세상에 없느니라. 사단이 여호와께 대답하여 가로되 욥이 어찌 까닭 없이 하나님을 경외하리이까. 주께서 그와 그 집과 그 모든 소유물을 울타리로 두르심이 아니니이까. 주께서 그 손으로 하는 바를 복되게 하사 그 소유물로 땅에 넘치게 하셨음이니이다. 이제 주의 손을 펴서 그의 모든 소유물을 치소서 그리하시면 틀림없이 주를 향하여 욕하지 않겠나이까.(욥기 1:1~11)

욥이 어려운 고난과 시련의 시험을 당할 때도 한결 같은 믿음으로 담담하게 이겨내는 것을 볼 수 있다. 그렇다고 인간적으로나 신앙적으로 모든 것이 완벽한 사람은 아니었다. 욥은 자신의 생일을 저주할 만큼 고통스러워했다.(욥기 3:1) 그러나 하나님 보시기에 순전하다는 점이 중요하다.

욥은 두 번의 큰 재난을 당합니다. 하나는 자녀들과 재산을 모두 잃은 사건입니다. 욥기 1장에 나오는 이야기다. 욥에게는 아들이 일곱에다가 딸이 셋이 있었고, 양 칠천 마리, 낙타 삼천 마리, 소 오백 겨리, 암나귀 오백 마리가 있었으며, 그 밑에서 일하는 종들도 많았다.

욥은 요즘의 상식으로 말하면 큰 기업체 경영주에 해당된다. 물론 신앙생활도 모범적으로 잘했다. 욥은 어느 날 다음과 같은 네 가지 소식을 연달아 들었다. 첫째 스바 사람들이 들이닥쳐 들판의 소와 나귀를 강탈해가고 종들을 죽였다. 둘째 번개가 쳐서 양과 종들이 모두 죽었다. 셋째 갈대아 사람들이 들이닥쳐 낙타를 강탈하고 종들을 죽였다. 넷째 욥의 자녀들이 맏아들 집에서 잔치를 벌이고 있을 때 돌풍이 불어 자식들이 모두 죽었다.

욥이 당한 두 번째 큰 재난은 욥이 가장 저주스러운 병에 걸린 사건이다. 욥기 2장에 나오는 이야기다. 첫 재난을 당한 뒤에도 욥은 믿음을 잃지 않았다. 이 재난은 원래 사탄의 음모였다.

천상회의에서 사탄은 욥을 함정에 빠뜨리겠다고 하나님과 흥정을 벌인다.

사탄은 하나님에게 말을 건넸다. 욥이 성실한 것은 축복을 받았기 때문으로 그 축복을 거두어들이면 하나님을 거부할 것이라는 논리였다. 하나님은 사탄에게 그렇게 해보라고 허락하신다. 사탄은 욥의 재산을 빼앗고 자녀들을 죽게 했다.

이런 상황에서도 욥이 믿음을 포기하지 않자 사탄은 다시 하나님과 흥정을 벌인다. 재산과 자식을 잃었어도 자기 몸이 성하니까 하나님에 대한 믿음을 포기하지 않는 것이므로, 그의 몸을 치면 달라질 거라는 주장이었다. 하나님은 욥의 생명만은 손을 대지 말라는 단서를 달고 사탄의 요구를 허락한다.

성서는 욥이 어떤 일을 당했는지에 대해서 이렇게 묘사한다.

사탄이 이에 여호와 앞에서 물러가서 욥을 쳐서 그의 발바닥에서 정수리까지 종기가 나게 한지라 욥이 재 가운데 앉아서 질그릇 조각을 가져다가 몸을 긁고 있더니.(욥기 2:7~8)

이런 상황에서 친구들이 위로한답시고 찾아와 대화를 나누지만 욥을 정죄할 뿐 전혀 위로가 되지 못한다. 욥의 친구들을 통해서 신학적인 논리가 더 풍부해진다. 욥의 친구들은 세 명으로 엘리바스, 소발, 빌닷이다. 이들은 유대의 지혜와 전통을 계승하는 사람들로서 배운 것도 많고 사람들에게 존경도 받고, 경험도 많은 사람들이었다.이들은 친구 욥이 끔찍한 재난을 당했다는 소식을 듣고 쏜살같이 달려와서 위로하고 조언했다. 그 자체는 탓할 것이 없다. 그러나 그들은 욥이 지금 당한 재난과 불행이 죄의 결과라고 말했다. 회개하면 하나님이 욥을 다시 세워주실 거라고 충고도 잊지 않았다. 뿐만 아니라 욥의 아내도 욥에게 이렇게 말한다.

당신이 그래도 자기의 온전함을 굳게 지키느냐 하나님을 욕하고 죽으라.(욥기 2:9)

아내의 입장이 이해가 되지 않는 건 아니다. 아들 일곱과 딸 셋을 한 날에 잃은 어머니의 심정이 얼마나 비통했을지 상상이 간다. 하나도 아니고 열을 잃은 것이다.

아내는 욥을 돌보면서 위로하기도 하고, 살 길을 찾아보자고 의논도 했을 것이다. 그런데 대화가 되지 않았을지도 모른다. 욥은 자기 주장을 굽히지 않았는데 그 이유는 두 가지다.

하나는 자기가 죄를 짓지 않았다는 것이고, 다른 하나는 하나님을 여전히 신뢰한다는 것이다. 이게 아내에게는 모순이요 자가당착으로 들렸을 수 있다. 모든 걸 잃고 몸도 병들더니 정신이 나간 게 아닐까 하는 생각도 했을 것이다. 다른 해결 방법이 없다고 생각한 아내는 욥에게 악담하기 시작했다. 차라리 하나님을 욕하고 죽는 게 낫다고 퍼부은 것이다.

성서는 이렇게 화난 아내를 향한 욥의 대답을 다음과 같이 전하고 있다.

그가 이르되 그대의 말이 한 어리석은 여자의 말 같도다. 우리가 하나님께 복을 받았은즉 화도 받지 아니하겠느냐 하고 이 모든 일에 욥이 입술로 범죄하지 아니하니라.(욥기 2:10)

욥은 기복신앙을 거부했다. 하나님을 잘 믿고 순종하는 사람이라 하더라도 복뿐만이 아니라 화를 당할 수 있다고 생각한 것이다. 흔히 우리가 기도할 때 생사화복(生死禍福)을 주장하신 하나님! 이라고 기도하면서도 나한테는 복만 주시고 화는 나에게 오면 안 되는 것을 당연시 여기는 신앙, 이것이 기복신앙이 아닐까.

하나님은 순전한 사람을 버리지 아니하시고 악한 자를 붙들어 주지 아니하시므로 웃음을 네 입에, 즐거운 소리를 네 입술에 채우시리니 너를 미워하는 자는 부끄러움을 당할 것이라. 악인의 장막은 없어지리라. (욥기 8:20~22)

우리가 흔히 좋은 사람에 대해 얘기할 때 어떤 사람을 두고 말하는 걸까? 욥이 구체적으로 얼마나 좋은 일을 했는지 성경은 구체적으로 적어놓지 않았다. 하지만 적어도 남에게 비난받지 않았다는 것을 알 수 있다. 재산을 모은 과정도 성실하게 모았다는 것을 알 수 있다.

우리 주변에서 칭찬받는 사람들은 어떤 사람들일까요? 사회적으로 성공한 사람들, 예를 들면 대기업 회장 들이 칭찬 받고 있나요? 검사, 판사, 의사가 칭찬받나요? 자기나 자기 가족들한테는 엄청 잘하고 이웃이나 주변 사람들한테는 인색한 사람들입니까? 아니면, 콩 한 쪽만 있어도 나눠먹으려고 하는 사람일까요?

이것을 우리는 성경을 통해서든 세상교훈을 통해서든 다 알고 있다. 다만 생각과 행동이 다를 뿐이다. 우리가 눈여겨봐야 할 것은 이들의 인생 말로가 어떤가 보면 알 수 있다. 우리가 눈으로 확인할 수 있는 결과 말고도 하나님은 반드시 심판이 있다고 하셨다.

순전한 사람 입장에서는 오히려 소망을 가질 수 있는 일이지만 그렇지 않은 사람의 경우는 두렵고 무서운 일이 아니겠어요.

물론 믿지 않는 사람은 그 자체를 부인하고 브레이크 고장 난 자동차처럼 질주를 계속하겠지만….

성서에는 순전하다고 하나님이 칭찬한 사람들에 대한 비유가 꽤 많다. 그런데 그 내용은 보면 물질에 대한 가치관이 얼마나 중요한지 알 수 있다.

예수께서 베다니 문둥이 시몬의 집에서 식사하실 때에 한 여자가 매우 값진 향유 곧 순전한 나드 한 옥합을 가지고 와서 그 옥합을 깨뜨리고 예수의 머리에 부으니 어떤 사람들이 분 내어 서로 말하되 무슨 의사로 이 향유를 허비하였는가. 이 향유를 삼백 데나리온 이상에 팔아 가난한 자들에게 줄 수 있었겠도다 하며 그 여자를 책망하는지라, 예수께서 가라사대 가만 두어라 너희가 어찌하여 저를 괴롭게 하느냐 저가 내게 좋은 일을 하였느니라. 가난한 자들은 항상 너희와 함께 있으니 아무 때라도 원하는 대로 도울 수 있거니와 나는 너희와 항상 함께 있지 아니하리라. 저가 힘을 다하여 내 몸에 향유를 부어 내 장사를 미리 준비하였느니라. 내가 진실로 너희에게 이르노니 온 천하에 어디서든지 복음이 전파되는 곳에는 이 여자의 행한 일도 말하여 저를 기념하리라 하시니라. (마가복음 14 3~9)

옥합 향유를 예수님 머리에 부은 여자는 예수님의 십자가 계획을 알았는지 알 수 없지만, 영적인 측면에서는 배울 점이 있는 사람인 것 같다. 대부분 현실적으로 생각하며 차라리 팔아서 가난한 사람에게 나눠주는 편이 낫겠다고 생각했는데 어쨌든 결과적으로 그녀는 예수님의 장사를 미리 준비한 셈이었다. 위의 성서말씀에서 주는 교훈은 우리가 하나님의 영광을 위해 창조된 피

조물이라는 사실을 깨우치게 해준다는 점이다.

또 자신의 물질을 순전하게 사용한 비유가 있다. 바로 우리가 선한 사마리아인이라고 얘기하는 강도 만난 사람을 도와준 이야기다.

어떤 율법사가 일어나 예수를 시험하여 가로되 선생님 내가 무엇을 하여야 영생을 얻으리이까. 예수께서 이르시되 율법에 무엇이라 기록되었으며 네가 어떻게 읽느냐. 대답하여 가로되 네 마음을 다하며 목숨을 다하며 힘을 다하며 뜻을 다하여 주 너의 하나님을 사랑하고 또한 네 이웃을 네 몸과 같이 사랑하라 하였나이다. 예수께서 이르시되 네 대답이 옳도다. 이를 행하라 그러면 살리라 하시니 이 사람이 자기를 옳게 보이려고 예수께 여짜오되 그러면 내 이웃이 누구오니이까. 예수께서 대답하여 가라사대 어떤 사람이 예루살렘에서 여리고로 내려가다가 강도를 만나매 강도들이 그 옷을 벗기고 때려 거반 죽은 것을 버리고 갔더라. 마침 한 제사장이 그 길로 내려가다가 그를 보고 피하여 지나가고 또 이와 같이 한 레위인도 그곳에 이르러 그를 보고 피하여 지나가되 어떤 사마리아인은 여행하는 중 거기 이르러 그를 보고 불쌍히 여겨 가까이 가서 기름과 포도주를 그 상처에 붓고 싸매고 자기 짐승에 태워 주막으로 데리고 가서 돌보아 주고 이튿날에 데나리온 둘을 내어 주막 주인에게 주며 가로되 이 사람을 돌보아 주라 부비가 더 들면 내가 돌아올 때에 갚으리라 하였으니 네 의견에는 이 세 사람 중에 누가 강도 만난 자의 이웃이 되겠느냐. (누가복음 10:25~36)

위의 예화들은 무엇을 얘기하고 있을까요? 나는 역지사지(易地思之)라는 단어가 생각난다. 우리가 섬기는 행위도 받으실 분이 있고 선한 행위도 받을 사람이 있다. 주는 사람의 입장에서만 생각해보면 자신의 할 도리를 다 했다고 생각할 수도 있을 것이다. 그러나 받는 대상이 껄끄럽다거나 유쾌하지 않는다면 그 섬김이나 베풂은 최선이 아닐 수 있음을 간과해서는 안 될 것이다.

보통 물질을 남에게 줄 때도 여러 가지 의도가 있다. 선물, 뇌물, 생색이나 과시 등이 있을 수 있다. 헌금을 해도 생색을 내다가 목숨까지 잃은 일이 성서에 기록되어 있다. 바로 아나니아와 삽비라 이야기다.

아나니아라 하는 사람이 그 아내 삽비라로 더불어 소유를 팔아 그 값에서 얼마를 감추매 그 아내도 알더라. 얼마를 가져다가 사도들의 발 앞에 두니 베드로가 가로되 아나니아야 어찌하여 사단이 네 마음에 가득하여 네가 성령을 속이고 땅값 얼마를 감추었느냐. 땅이 그대로 있을 때에는 네 땅이 아니며 판 후에도 네 임의로 할 수가 없더냐. 어찌하여 이 일을 네 마음에 두었느냐. 사람에게 거짓말한 것이 아니요 하나님께로다. 아나니아가 이 말을 듣고 엎드려져 혼이 떠나니 이 일을 듣는 사람이 다 크게 두려워하더라. 젊은 사람들이 일어나 시신을 싸서 메고 나가 장사하니라. 세 시간쯤 지나 그 아내가 그 생긴 일을 알지 못하고 들어오니 베드로가 가로되 그 땅 판 값이 이것뿐이냐 내게 말하라 하니 가로되 예 이 뿐이로라. 베드로가 가로되 너희가 어찌 함께 꾀하여 주의 영을 시험하려 하느냐 보라 네 남편을 장사하고 오는 사람들의 발이 문 앞에 이르렀으니 또 너를 메어 내가리라 한 대 곧 베드로의 발 앞에 엎드러져 혼이 떠나는지라 젊은 사람들이 들어와 죽은 것을 보고 메어다가 그 남편 곁에 장사하니 온 교회와 이 일을 듣는 사람들이 다 크게 두려워하니라.(사도행전 5:1~11)

우리는 가치에 대해 주목할 필요가 있다. 세상의 가치와 하나님 나라의 가치는 엄연히 다르다. 하나님은 하나님 나라의 가치에 맞는 순전한 사람을 찾으신다. 순전한 사람은 착한 사람이다. 착한 사람은 순수한 사람이다. 순수한 사람은 신실한 사람이다. 어린아이와 같은 순전한 사람을 찾으신다.

내가 진실로 너희에게 이르노니 누구든지 하나님의 나라를 어린아이와 같이 받들지 않는 자는 결단코 들어가지 못하리라 하시고 그 어린아이들을 안고 저희 위에 안수하시고 축복하시니라.(마가복음 10:15~16)

결국 우리가 순전한 사람이 될 수 있는 유일한 방법은 주님 안에 거하고 하나님 말씀이 우리 안에 거하도록 하는 것이다.

내가 참 포도나무요 내 아버지는 그 농부라. 무릇 내게 있어 과실을 맺지 아니하는 가지는 아버지께서 이를 제해 버리시고 무릇 과실을 맺는 가지는 더 과실을 맺게 하려 하여 이를 깨끗케 하시느니라. 너희는 내가 일러 준 말로 이미 깨끗하였으니 내 안에 거하라 나도 너희 안에 거하리라 가지가 포도나무에 붙어 있지 아니하면 절로 과실을 맺을 수 없음같이 너희도 내 안에 있지 아니하면 그러하리라. 나는 포도나무요 너희는 가지니 저가 내 안에, 내가 저 안에 있으면 이 사람은 과실을 많이 맺나니 나를 떠나서는 너희가 아무것도 할 수 없음이라. 사람이 내 안에 거하지 아니하면 가지처럼 밖에 버려져 말라지나니 사람들이 이것을 모아다가 불에 던져 사르느니라. 너희가 내 안에 거하고 내 말이 너희 안에 거하면 무엇이든지 원하는 대로 구하라 그리하면 이루리라.(요한복음 15:1∼7)

우리가 담고 있는 것은 대부분 세상 지혜다. 가짜정보, 가짜 뉴스, 진리가 아닌 것, 유사품, 그럴 듯한 것, 유한한 것 등이 주를 이룬다. 과학기술은 가상세계를 향해 치닫고 있다. 부모형제가 돈을 가지고 다투는 일이 적지 않다. 부부가 딴 주머니 차게 만드는 세상이다. 효도는 기대할 수도 없다. 노후의 살길은 각자 준비해야 한다.

마냥 웃고만 있을 수 없는 일들이 많다. 지하매장에 할머니들 모아놓고 유명한 박사가 인증한 상품이라면서 동영상 보여주고 자식보다 더 효도하는 옥장판, 건강보조식품을 판매한다. 화장지나 생활용품을 공짜로 주면서 미끼를 던진다. 가정불화의 요인이 되기도 한다. 이게 바로 사탄의 전략이다. 성경은 이런 시도가 득세할 것이라고 이미 경고하고 있다.

예수께서 대답하여 가라사대 너희가 사람의 미혹을 받지 않도록 주의하라. 많은 사람이 내 이름으로 와서 이르되 나는 그리스도라 하여 많은 사람을 미혹케 하리라. 난리와 난리 소문을 듣겠으나 너희는 삼가 두려워 말라 이런 일이 있어야 하되 끝은 아직 아니니라. 민족이 민족을, 나라가 나라를 대적하여 일어나겠고 처처에 기근과 지진이 있으리니 이 모든 것이 재난의 시작이니라. 그때에 사람들이 너희를 환난에 넘겨주겠으며 너희를 죽이리니 너희가 내 이름을 위하여 모든 민족에게 미움을 받으리라. 그때에 많은 사람이 시험에 빠져 서로 잡아 주고 서로 미워하겠으며 거짓 선지자가 많이 일어나 많은 사람을 미혹하게 하겠으며 불법이 성하므로 많은 사람의 사랑이 식어지리라. 그러나 끝까지 견디는 자는 구원을 얻으리라.(마태복음 24: 4~13)

성서는 순전한 사람이 되기 위해서는 성령을 의지하며 그 안에서 의의 열매를 맺어갈 것을 권한다.

오직 성령의 열매는 사랑과 희락과 화평과 오래 참음과 자비와 양선과 충성과 온유와 절제니 이 같은 것을 금지할 법이 없느니라. 그리스도 예수의 사람들은 육체와 함께 그 정과 욕심을 십자가에 못 박았느니라. 만일 우리가 성령으로 살면 또한 성령으로 행할지니 헛된 영광을 구하여 서로 격동하고 서로 투기하지 말지니라.(갈라디아서 5:22~26)

사랑의 중요성은 아무리 강조해도 지나치지 않다. 너무나 당연한 메시지이지만 사랑은 성경의 핵심 가르침이다. 그 외에도 희락과 화평과 참음과 자비와 양선과 충성과 온유와 절제를 권유하고 있다.

또 형제들아 너희를 권면하노니 게으른 자들을 권계하며 마음이 약한 자들을 격려하고 힘이 없는 자들을 붙들어 주며 모든 사람에게 오래 참으라. 삼가 누가 누구에게든지 악으로 악을 갚지 말게 하고 서로 대하든지 모든 사람을 대하든지 항상 선을 따르라. 항상 기뻐하라. 쉬지 말고 기도하라. 범사에 감사하라. 이것이 그리스도 예수 안에서 너희를 향하신 하나님의 뜻이니

라.(데살로니가전서 5:14~22)

이것이 하나님의 뜻이다.

복음을 전한다는 것은 곧 사랑을 전하는 것이라고 할 수 있다. 예수님을 먼저 보거나 믿는 사람이 이를 증거로 제시하는 것이다. 믿음과 소망은 개인의 마음속에서 이루어지는 것이라고 하면 사랑은 그것들을 행동으로 보여주는 방법이다. 그런 의미에서 사랑은 또 다른 믿음이라고 말할 수 있다. 우리의 속과 겉이 다르지 않으며 균형을 잡아가는 것이 순전한 사람이 되는 것이고 신실한 예배가 아닐까. 그래서 믿음의 완성은 사랑이고 사랑의 완성은 순전함이 아닐까.

〈풀꽃〉

풀이 울고 있네요.
빗물이 울렸나보네요.

풀이 노래하네요.
피리가 부러웠나보네요.

풀이 춤을 추네요.
바람이 칭찬했나보네요.

풀이 꽃을 피웠네요.
풀꽃이라 불러야겠네요.

길을 잃은

그대에게

그대 배움이 철학의 문턱을 넘지 못한다면
그대는 저 너머의 세상을 상상도 하지 못할 것이다.
그대의 생각이 문학의 담장을 넘지 못한다면
그대는 감성에 사로잡혀 영성에 이르지 못할 것이다.

인문학(人文學, Humanities) 또는 인문과학은 인간 근원의 문제, 사람과 사람의 관계 문제에 관한 것을 다루거나 인간의 가치와 인간만이 지닌 자기표현 능력을 바르게 이해하기 위한 방법을 연구하며 궁극적으로 인간의 사상과 문화에 관해 탐구하는 학문분야다.

서양의 인문학은 고대 그리스까지 거슬러 올라간다. 로마 시대에 이르는 동안에 4과로 일컬어지는 음악, 기하, 산술, 천문 등과 함께 3학으로 불리는 문법, 수사, 논리를 포함하여 7가지의 자유 인문학의 개념이 만들어졌다.

특히 철학이 인문학에서 차지하는 비중은 매우 크다고 할 수 있다. 르네상스와 포스트모더니즘 운동에 이르면서 전통 분야인 문화와 역사 등으로 전환하게 되었고 사람이 살아가는 모든 영역에 걸쳐 두루 언급되고 있다.

한편 동양의 인문학은 중국의 노자, 공자, 맹자, 장자 등의 영향을 많이 받았으며 주로 인간의 가치, 삶의 방식, 도리 등에 관한 가르침이었다. 이후 차츰 실사구시(實事求是)의 성격을 띠게 되면서 보다 현실적인 문제에 천착하게 되었다. 최근 들어 심리학이나 정신분석학 등과 연관 지으며 인간에 대한 탐구는 여전히 진행되고 있다.

따라서 인문학을 어떻게 개념 정의하느냐의 문제보다 인간의 본질에 좀더 다가가 보다 근본적인 문제에 관심을 가질 필요가 있을 것 같다. 분명히 인문학은 개념이나 내용면에서 그 논의가 훨씬 다양화하고 확장되어 왔다고 할 수 있으나 여전히 명확하지 않는 이유는 무엇일까? 오히려 근본으로 돌아가거나 고전에서 그 답을 찾아야 할지 모르겠다.

　어쨌든 동서양을 막론하고 인문학은 '사람'이 그 주인공인 것만은 사실이다. 물론 신이나 자연도 다루어지지 않은 것은 아니다. 그러나 신학이 신의 이야기를 주로 하고 있고 과학이 자연의 이야기를 다루고 있다. 그래서 그로인해 많은 것들이 밝혀진 것이 사실이지만 철학이나 인문학은 더 이상 융합의 길을 모색하지 못하고 있는 것처럼 보인다.

　인문학이 사람이 주인공이라고 해서 항상 사람만이 중심이 되어야 함을 의미하지는 않을 것이다. 그렇게 되면 우리 역사 속에서 보아왔듯이 과학기술, 예술, 문학 등의 창조적 기능을 발휘하면 할수록 인문주의는 물론이고 인본주의에 빠질 우려가 있다.

　최근의 인문학의 흐름은 마치 '행복학(幸福學)'이라고 불러도 좋을 만큼 인간의 행복에 지대한 관심이 있다. 그래서 삶의 질을 높이기 위한 경제문제에 관심을 보이기도 하고 나아가 사람의 내면을 파고드는 심리학이나 정신과학 영역에서 그 실마리를 찾으려는 시도가 이루어지고 있다.

　만약 그런 연구들이 제대로 이루어지면 인간의 본질과 실체가 밝혀질 수 있을까? 인간을 알기 위해서는 인간의 내면과 외형적 조건 등을 연구하는 것만으로 충분할까? 실제, 동서양을 막론하고 수많은 철학자, 인문학자들이 논쟁을 벌여 왔지만 속 시원히 결론을 내지는 못하고 있다.

그들이 남긴 숱한 교훈의 말들이 우리에게 위안을 주고 삶의 의욕을 높여준 것만은 사실이다. 그 명언들이 잠시나마 우리들의 삶에 긍정적으로 영향을 미쳤다고 해서 인간의 생사화복(生死禍福)과 희로애락(喜怒哀樂) 등 근본 문제에 대한 궁금증을 완전히 해소하지 못하고 있다. 인문학이 남긴 업적을 과소평가할 수는 없다. 그러나 과거의 명언을 부여잡고 재탕 삼탕 우려먹으며 겨우 우리의 버거운 삶을 버텨가고 있다면 그것은 임시방편에 불과한 것이다.

그렇다면 사람들을 불안과 두려움으로부터 벗어나게 할 수 있는 방법은 무엇일까?

우리가 한 그루의 나무를 잘 키워서 꽃을 피우게 하고 열매를 맺도록 하기 위해서는 나무의 생리만 연구하는 것으로는 불충분하다. 그 나무가 필요로 하는 환경, 요컨대 햇빛, 비, 바람, 토양 등에 관한 연구가 뒷받침되어야 한다.

인간도 마찬가지다. 아니 인간은 훨씬 복잡하다. 인체의 생리적 환경만 갖추어지면 되는 것이 아니라 정신, 마음, 영혼 등으로 불리고 있는 보이지 않는 내면의 세계가 엄연히 존재하기 때문이다.

그래서 우리는 다른 동식물과 달리 인간의 정체성을 찾기 위한 여행을 떠나야 한다. 인간의 본질에 천착하지 못하면 엉뚱한 곳에서 행복을 추구하게 될 것이고 그 길은 아마 허무하게 끝날 가능성이 크다.

인문학이 전개되는 과정에서 우주와 사람을 창조하신 창조주를 만나야 한다. 구분의 설계의도를 알아야 마침내 우리가 그토록 방황하면서 찾고자 했던 인문학의 종착점에 도달할 수 있을 것이다.

찰스 다윈을 비롯한 탁월한 과학자들에 의해 창조론이 배제된 측면이 없지는 않다. 창조론이 일부 종교의 신화처럼 여겨지고 과학으로 증명할 수 없다는 차원에서 과학지상주의가 되어온 측면이 적지 않다. 그렇다면 역으로 묻고 싶다. 모든 것이 과학으로 규명할 수 있는가? 그렇지 않은 것들이 여전히 많다는 점이고 영원히 과학으로 풀 수 없는 문제들이 산재해 있음을 인정하지 않으면 안 될 것이다.

이제 인문학도 신학도 독자영역만 고집하면서 자기주장만 할 때는 아니다. 이미 우리는 고대로부터 종교적인 삶과 문화적인 삶의 역사를 모두 경험했다. 그것이 어느 한 쪽을 향해 극한으로 치달을 때 그다지 큰 소득이 없었음을 잘 알고 있다. 분별하는 것은 필요하나 경계 짓는 일만은 신중해야 한다.

인간의 삶이나 언어 등을 보아도 능동적이거나 수동적인 차이는 있겠지만 신의 존재를 의식하고 있음을 알 수 있다. 우리가 감동할 때나 놀랄 때 자신도 모르게 튀어나오는 말이 있는데 바로 '오 마이 갓(Oh My God)'이다. 우리의 유전자에는 최고의 경지인 신(God)이 내재되어 있음을 고백하는 것이다.

또, 최고의 수준에 이르는 사람을 보고는 '신(神)의 경지'에 이르렀다는 표현을 사용하기도 한다. 또 바둑에서 주로 사용하는 말로 최고의 한수를 말할 때 '신의 한수'라고 한다. 그 외에도 신통(神通), 신묘(神妙), 신비(神祕) 등의 표현에서는 신에 대한 인간의 의식적 혹은 무의식적 태도를 엿볼 수 있다.

그렇다면 진정한 인문학은 인간의 탄생에 관여한 신과의 관계,

그리고 수많은 인간 상호간의 관계, 그리고 인간과 자연과의 관계 등을 규명함으로써 인간의 본질적 위상을 파악하는 것이 우선되어야 할 것이다.

성서적으로 보면 인간은 신에 의해 창조되었다. 이 얼마나 위대한 선포인가?

태초에 하나님이 천지를 창조하시니라.(창세기 1:1)

그리고 모든 만물은 인간에게 선물로 주어졌다. 이 얼마나 장엄하고 위대한 계획인가?

하나님이 자기 형상을 곧 하나님의 형상대로 창조하시되 남자와 여자를 창조하시고 하나님이 그들에게 이르시되 생육하고 번성하여 땅에 충만하라. 땅을 정복하라. 바다의 물고기와 하늘의 새와 움직이는 모든 생물을 다스리라 하사니라.(창세기 1:27~28)

사람은 하나님이 직접 흙으로 빚어 코에 생기를 불어 넣음으로써 육체와 영혼을 가진 사람으로 탄생된 것이다.

여호와의 하나님이 땅의 흙으로 사람을 지으시고 생기를 그 코에 불어넣으시니 사람이 생령이 되니라.(창세기 2:7)

그리고 에덴동산을 특별한 장소로 만들어 완벽한 삶터, 놀이터를 제공한 것이다.

여호와 하나님이 동방의 에덴에 동산을 창설하시고 그 지으신 사람을 거기 두시니라.(창세기 2:8)

인간은 신의 형상을 닮은 모습으로 창조된 창조물 중 가장 탁월한 신성을 지녔다. 그러나 불행하게도 에덴동산의 금지된 선악과를 따먹음으로써 최고의 낙원인 에덴동산으로부터 추방당하게 되었다. 그곳에서의 삶은 참으로 천진난만(天眞爛漫)한 삶이었고 실오라기 하나 걸치지 않을 정도로 온도나 습도가 알맞은 최고의 삶터였던 것이다. 그러나 그 낙원에서의 삶은 일장춘몽으로 끝나버렸다.

여호와 하나님이 에덴동산에서 그를 내보내어 그의 근원이 된 땅을 갈게 하시니라. (창세기 3:23)

하나님이 그들을 낙원에서 쫓아낸 이유는 그들이 선악과를 따먹었듯이 또 유혹에 빠져 생명나무 과실마저 따먹을 것을 우려했기 때문이다. 선악과로 인해 죄가 몸 안으로 들어오게 되었는데 거기에 영원히 사는 생명나무 과일을 따먹게 되면 돌이킬 수 없는 나락으로 빠질 수 있기 때문이었다. 그런 차원에서 생각해보면 에덴동산의 추방도 하나님의 큰 은혜였던 셈이다.

이런 결과로 사람의 위상은 완전히 달라졌다. 의식주를 걱정하지 않고 죽음의 두려움도 가질 필요가 없었는데 우리는 수고와 걱정과 두려움을 안고 살게 된 것이다.

네가 흙으로 돌아갈 때까지 얼굴에 땀을 흘려야 먹을 것을 먹으리니 네가 그것에서 취함을 입었음이라 너는 흙이니 흙으로 돌아갈 것이니라 하시니라. (창세기 3:19)

인간에게 주어진 자유의지를 잘못 사용한 결과는 실로 엄청난 것이었다. 영원한 생명의 땅에서 유한한 생명의 땅으로 쫓겨난 것이었다. 이렇게 해서 허물없이 하나님과 소통하는 길이 막혀버린 것이다. 이것이 바로 비극적인 인류의 시작이었던 것이다.

이것이 바로 인문학의 범주에 들어가야 한다. 인문학의 방향은 잃어버린 낙원에 대한 상실감, 떠나온 에덴동산에 대한 향수병(Nostalgia)을 치유하는 차원에서 이야기 되어야 한다. 그렇지 않은 인문학은 본질을 외면한 채 표면적인 문제에만 집착하는 일에 지나지 않는 것이다.

사람이 안고 있는 문제 중 가장 핵심적인 문제는 무엇인가? 바로 삶과 죽음에 관한 문제이다. 삶은 행복해야 하고 죽음에 대해서 두려움이 없어야 한다. 그런데 우리는 자신의 태어남과 죽음에 대한 본질적인 질문을 잘 하지 않는다. 외면하거나 회피한다고 해결될 수 있는 문제는 아니다. 우리의 시작점과 종착점을 알고 여행한다면 계획적이고 편안하게 여정을 이어갈 수 있지 않겠는가.

우리는 성서를 통해 출생의 근원을 알았다. 그것을 받아들이고 받아들이지 않고는 물론 개인의 자유다. 하지만 일단 태어난 이상, 이제 죽음에 관해서도 더욱 관심을 가져야 하지 않겠는가. 우리는 주변에서 많은 사람들이 태어나고 죽어가는 모습을 목도해 왔다. 그럼에도 이런 문제에 태연하게 생각한다면 그것을 용기라고 해야 할지 무지라고 해야 할지 잘 모르겠다.

따지고 보면 삶과 죽음은 별개의 것이 아니라 서로 연결선 상에 있다. 태어나자마자 우리는 죽음을 향해 가는 것이다. 언제 죽을지 알면 삶을 좀더 알차게 살 수 있을까? 물론 좀더 나은 삶을 살 수 있을지는 몰라도 죽음 자체를 해결할 수 없다는 것이 우리 앞에 놓인 현실적 과제이다. 그렇다면 당연히 죽음 이후의 문제에 대해 관심을 가져야 함은 두말할 필요가 없을 것이다.

존 밀턴은 이런 문제를 생각하게 하는 내용의 대서사시를 펴냈다. 바로 《실낙원(失樂園)》과 《복낙원(復樂園)》이다. 이 책의 내용은 성경의 내용을 각색하여 잃어버린 낙원과 그 낙원을 회복하는 이야기를 그리고 있다. 그는 이 책에서 인간의 삶과 죽음의 문제를 다루고 있다.

《실낙원》의 주제가 사탄의 유혹에 넘어간 아담과 이브의 낙원 상실에 관한 이야기라면 《복낙원》은 제2의 아담으로 오신 예수 그리스도가 사탄의 유혹을 이기고 인류에게 잃어버린 낙원을 회복시켜준다는 이야기다.

인간이 살면서 누구나 희로애락을 경험한다. 그런데 가능하면 좋은 일. 즐거운 일만 경험하고 싶은 것이 인간의 욕구이다. 그러다보니 당장 현실적으로 도움이 될 것 같은 권력이나 돈, 명예 등에 주로 관심을 둔다. 하지만 우리가 간과하기 쉬운 일이 하나 있다. 그것은 바로 생명에 관한 문제다. 살아 있는 동안 건강해야 할 것이고 언젠가는 죽음이라는 심판대 앞에 서야 한다는 사실이다.

우리가 방황하고 있을 것이 아니라, 공허한 것에 몸과 마음을 빼앗길 것이 아니라 진리를 추구하는 일은 무엇보다 중요하다. 성서는 진리를 말씀하고 있다. 신과 인간의 관계를 알게 해주고 죄의 근원과 그로부터 해방될 수 있는 방법도 가르쳐주고 있다. 그렇게 인간이 어떻게 살아야 하는지 가이드라인을 제시해주고 있다. 하나님 자신에 대한 소개도 빠뜨리지 않으셨고, 사람을 얼마나 사랑하시는 분인지도 말씀해주신다.

하나님이 모세에게 이르시되 나는 스스로 있는 자니라. 또 이르시되 너는 이스라엘 자손에게 이같이 이르기를 스스로 있는 자가 나를 너희에게 보내셨다 하라.(창세기 3:14)

또 말씀하시되 이루었도다. 나는 알파와 오메가요 처음과 마지막이라 내가 생명수 샘물을 목마른 자에게 값없이 주리니(요한계시록 21:6)

하나님 말씀은 인류의 시작과 끝, 인간의 생사화복, 그리고 영혼의 영생, 천국과 지옥, 믿음과 사랑의 본질에 대해서 진실을 가르쳐주신다. 다만 믿느냐 믿지 않느냐는 또 다른 문제다. 우리의 선택이 중요한 이유다. 좀더 정확히 말하면 선택받음이 감사할 따름이다. 믿음은 우리의 의지도 중요하지만 믿어지는 마음이 생성되어야 하고 성경말씀이 깨달아져야 하므로 이것은 하나님의 선물이라고 밖에 생각할 수 없다.

너희는 그 은혜에 의하여 믿음으로 말미암아 구원을 받았으니 이것은 너희에게서 난 것이 아니요 하나님의 선물이라.(에베소서 2:8)

인문학이 진정성을 가지려면 신학과 만나야 한다. 더 정확이 말하면 하나님의 창조섭리 안에서 진리를 추구해야 한다. 만물과 사람을 창조하신 하나님을 배제한다면 달은 보지 못하고 달을 가리키는 손가락만을 가지고 논쟁하는 것과 다를 바 없다.

인문학이 길을 잃고 있다면 그 이유는 바로 여기에 있는 것이다. 많은 지성인이나 석학들이 나름대로 훌륭한 업적을 내었음에도 죽음 앞에서 공허함을 얘기하고 자신의 삶을 회고하면서 반성하는 이유가 이와 무관치 않음을 알았으면 좋겠다.

인문학이 신을 배제한 채 인간을 논한다면 그것은 본질을 논하지 못하고 그저 외형이나 나타난 현상만을 다루는 초등학문에 그치고 말 것이다. 아울러 사람을 위한 어떤 대안도 의미를 갖기 어려워진다. 그저 학문하는 자 스스로 만족을 위해 하거나 글이나 말하기 좋아하는 사람들의 놀이터로 이용되는 것에 불과하다.

〈삶이 그대를 속일지라도〉

그대 배움이 철학의 문턱을 넘지 못한다면
그대는 저 너머의 세상을 상상도 하지 못할 것이다.

그대의 생각이 문학의 담장을 넘지 못한다면
그대는 감성에 사로잡혀 영성에 이르지 못할 것이다.

그대의 삶이 늘 남들과 경쟁하는 일로 분주하다면
그대는 자신의 내면세계를 들여다 볼 시간을 갖지 못할 것이다.

그대의 시선이 예술의 벽에 멈춰 있다면
그대는 심오한 감동세계를 여행할 수 없을 것이다.

그대가 자연을 누리는 것에 만족한다면
그대는 자연의 주인을 만나볼 수 없을 것이다.

삶이 그대를 속일지라도
그대는 당신의 삶을 속여서는 안 될 것이다.

내가

꿈꾸는

나라

송백상열의 나라를 꿈꾸고 싶다.
내 벗이 잘되면 나도 기쁘고,
내가 잘 되면 이를 기뻐해줄
그런 사람과 이웃하고 싶다.
내가 소나무라면
그대는 잣나무와 같은 그런 인연으로…

아이들과 소통하려면 그 아이의 눈높이에 맞춰야 한다. 그러려면 때로는 자신답지 않게 유치해져야 하는 상황도 받아들여야 한다는 뜻이다. 어른들과 소통하려면 최근의 어려운 상황을 얘기하는 것보다는 옛적 얘기를 꺼내면 좋아한다. 그러면 당시를 회상하시면서 쉴 새 없이 당시의 추억들을 꺼내놓는다. 단숨에 훌륭한 이야기꾼이 되어버린다. 우리 어머니가 그렇다.

사람들과 소통하려면 그 사람과 눈을 마주하며 입으로는 추임새를 넣을 준비를 해야 한다. 남녀노소를 막론하고 모든 사람들이 그런 태도를 좋아한다. 그들의 얘기가 재미없거나 나와는 다른 의견이라도 귀를 열고 듣는 것에 인내할 줄 알아야 한다. 심지어 술 잔뜩 취한 친구의 넋두리도 너그럽게 들어줄 수 있어야 한다. 그것이 진정한 소통과 배려이다.

그런 세상은 따뜻하다. 그런 나라가 우리나라였으면 좋겠다. 그래서 자기 나라가 정 없고 권태로워 한국이라는 나라를 동경하거나 이민 오고 싶은 나라였으면 좋겠다.

이런 나라는 하나님 나라를 닮은 나라다. 그래서 우리나라가 하나님 나라의 모형이 되었으면 좋겠다. 내가 꿈꾸는 나라이다. 우리 애국가의 한 소절처럼 '하느님이 보우하사 우리나라 만세!'

〈소나무와 잣나무의 우정〉

세상에 기쁘고 감사한 일이 어디 한둘일까 마는,
그 중에서도 으뜸은 '송백상열'이 아닌가 싶다.

송백상열(松柏相悅).

소나무 송(松),
잣나무 백(柏),
서로 상(相),
기쁠 열(悅).

풀이하자면 '소나무와 잣나무가 서로 기뻐하다'라는 뜻인데,
그 기뻐함이 참으로 가상하다.
왜 그럴까?

소나무와 잣나무는 푸름과 절개로 쌍벽을 이룬다.
말하자면 둘은 서로 '라이벌'이다.
그러나 이 둘은 서로 과당경쟁을 벌이거나
또 시기, 질투하지 않는다.
오히려 그와 정반대다.

요컨대 소나무가 잘 자라면 잣나무가 기뻐하고,
반대로 이웃의 잣나무가 잘 자라면 소나무가 기뻐하니
이 어찌 아름다운 일이 아니겠는가.

세상에는 이런 현상을 찾아보기가 쉽지 않다.
오히려 그 반대의 경우가 도처에 널려 있다.

사람들은 어쩌면 기뻐하는 법을 상실해버렸는지도 모른다.

비탈에 서 있거나, 양지 녘에 서 있거나
나무는 그 선 자리를 탓하는 법이 없고,
키가 크고 작음으로 인해 이웃 나무를 부러워하는 법도 없다.
그래서 '송백상열'은 어쩌면 그저 자연계에서나 가능한 일인지
도 모르겠다.

송백상열의 나라를 꿈꾸고 싶다.
내 벗이 잘되면 나도 기쁘고,
내가 잘 되면 이를 기뻐해줄 그런 사람과 이웃하고 싶다.
내가 소나무라면 그대는 잣나무와 같은 그런 인연으로….

진정한 성공과 행복

나는 믿는다.
감동한다.
그리고 감사한다.
그로인해 행복한 사람이고 싶다.

누구나 성공하기를 바라고 또 행복한 인생을 살고 싶어 한다. 그래서 사람들은 각자의 생각과 기준대로 성공과 행복을 위해 열심히 열정을 쏟는다. 어떤 사람은 부자가 되기 위해, 어떤 사람은 권력을 잡기위해, 또 어떤 사람은 명예를 목숨보다 소중히 여기며 살아간다. 그렇게 자신들이 뜻하는 일들을 이뤘을 때 마침내 성공했다고 생각하고 정말 행복하다고 느낀다면 천만다행이지만, 문제는 그렇지 않다는 것에 있다.

그러면 과연 성경은 성공과 행복에 대해 무어라 말하는가?

시편 기자는 다음과 같이 기록하고 있다.

복 있는 사람은 악인의 꾀를 좇지 아니하며 죄인의 길에 서지 아니하며 오만한 자의 자리에 앉지 아니하고 오직 여호와의 율법을 즐거워하여 그 율법을 주야로 묵상하는 자로다. 저는 시냇가에 심은 나무가 시절을 좇아 과실을 맺으며 그 잎사귀가 마르지 아니함 같으니 그 행사가 다 형통하리로다.(시편 1편:1~3)

말하자면, 주님말씀을 가까이하며 주님의 뜻에 따라 순종하는 사람은 모든 일에 형통하리라는 사실을 가르쳐준다. 그렇다면 시편기자가 말하는 형통이란, 무병장수, 입신출세, 부귀영화를 의미하는 것일까?

성경은 고난 받는 것이 형통의 반대개념이 아니라는 것을 말하기도 한다. 우리의 삶에는 누구를 막론하고 축복과 고난이 동전의 양면처럼 존재하고 있다.

> 그리스도를 위하여 너희에게 은혜를 주신 것은 다만 그를 믿을 뿐 아니라 그를 위하여 고난도 받게 하려 하심이라.(빌립보서 1:29)

우리는 하나님을 믿는다는 것만으로 모든 것을 누리고자하는 경향이 있지 않은가 생각해본다. 믿음과 동시에 해야 할 일, 해서는 안 되는 일이 있는데, 해서는 안 되는 일은 가급적 언급되지 않기를 바라는 마음이 있는지도 모른다. 믿음으로 축복의 얘기는 얼마든지 들어줄 수 있지만, 무엇을 하지 말라는 이야기는 썩 달가워하지 않는 것이 사실이다.

하지만 예수님은 기꺼이 고난을 받으시므로 자신을 내려놓았고, 주님의 뜻에 순종하므로 진정한 성공을 거둘 수 있었다. 이사야 선지자는 "그의 손으로 여호와께서 기뻐하시는 뜻을 성취하시리로다."(빌립보서 1:29)라고 말했다. 엘리야 선지자도 갈멜산에서 거짓 선지자들을 패배시켰을 때 그의 손으로 성취했다.

하나님은 뜻을 세우시고 하나님의 사람들은 그 뜻을 성취시키는 것, 그것이야말로 바로 진정한 성공이 아닌가 생각한다. 성경적 형통함은 하나님의 뜻이 내 안에서 혹은 나를 통해서 아무런 방해 없이 성취되는 것을 의미할 것이다.

하나님의 뜻이 성취되는데 있어서 내가 디딤돌이 되고 있는가, 그렇지 않으면 걸림돌이 되고 있는가를 보면 지금 내가 형통한 사람인가, 그렇지 못한 사람인가를 짐작할 수 있을 것이다.

엘리야는 갈멜산에서 엄청난 성과를 거둔 후에도 이세벨의 위협에 두려워 떨며 실패하는 듯 보였다. 그러나 신실하신 하나님께서 결국 엘리야를 회복시켜주신 것을 우리는 잘 알고 있다. 베드로도 마찬가지 경험이 있다.

시몬아, 시몬아, 보라 사단이 밀 까부르듯 하려고 너희를 청구하였으나 그러나 내가 너를 위하여 네 믿음이 떨어지지 않기를 기도하였노니 너는 돌이킨 후에 네 형제를 굳게 하라.(누가복음 22:31~32)

사탄은 믿음의 사람을 무너뜨리고 죽이기 위해 예나 지금이나 사력을 다한다. 그러나 예수님은 엘리야를 위해서도, 베드로를 위해서도 이렇게 기도하시는 분이다. 지금 이 순간도 우리를 위해서 기도하시는 일 또한 마찬가지 아니겠는가. 이런 사실을 믿는 자만이 주안에서 평강과 형통을 누릴 수 있을 것이다.

히브리서 기자는 하나님께서 훈계하실 때 우리가 어떻게 반응해야 하는지 좋은 사례를 보여주었다.

너희가 죄와 싸우되 아직 피 흘리기까지는 대항치 아니하고 또 아들들에게 권하는 것같이 너희에게 권면하신 말씀을 잊었도다 일렀으되 내 아들아 주의 징계하심을 경히 여기지 말며 그에게 꾸지람을 받을 때에 낙심하지 말라. 주께서 그 사랑하시는 자를 징계하시고 그의 받으시는 아들마다 채찍질하심이니라 하였으니 너희가 참음은 징계를 받기 위함이라 하나님이 아들과 같이 너희를 대우하시나니 어찌 아비가 징계하지 않는 아들이 있으리요. 징계는 다 받는 것이거늘 너희에게 없으면 사생자요 참

아들이 아니니라. 또 우리 육체의 아버지가 우리를 징계하여도 공경하였거늘 하물며 모든 영의 아버지께 더욱 복종하여 살려 하지 않겠느냐 저희는 잠시 자기의 뜻대로 우리를 징계하였거니와 오직 하나님은 우리의 유익을 위하여 그의 거룩하심에 참여케 하시느니라.(히브리서 12:4~10)

하나님이 우리와 함께 하신다면 이 세상에서 우리가 두려워해야 할 것은 아무것도 없다는 사실이다. 이것이 하나님의 말씀과 훈계를 경청해야 하는 이유가 아닐까 생각해본다.

무릇 너를 치려고 제조된 기계가 날카롭지 못할 것이라 무릇 일어나 너를 대적하여 송사하는 혀는 네게 정죄를 당하리니 이는 여호와의 종들의 기업이요 이는 그들이 내게서 얻은 의니라 여호와의 말이니라.(이사야 54:17)

사탄은 하나님의 백성을 파멸시키기 위해 수단과 방법을 가리지 않는다. 그러나 하나님은 자신의 백성들을 지키시기 위해 그들의 사악한 계획과 무기들을 무용지물로 만들어 버리시기도 한다.

요셉은 형들의 악한 계획을 하나님께서 선(善)으로 바꾸실 것을 믿었기에 오랜 세월을 인내할 수 있었고 형들을 미워하지 않고 용서할 수 있었을 것이다.(창세기 50: 20)

하나님은 사람의 지혜로는 상상할 수 없는 고차원의 지혜로 사탄의 저주와 공격을 막아내시고 그런 후에 그 분의 은혜와 복으로 덮어씌우시는 분이심을 익히 잘 알고 있다. 오늘도 세상에는 사탄의 저주와 믿지 않는 자들의 협박이 난무하고 그들의 공격이

쉴 새 없이 진행되고 있음을 알 수 있다.

우리가 바로서야 하는 이유는 그로 인해 상처받고 고통스러워하는 수많은 사람들을 위해 중보로 간구하고, 하나님의 사랑으로 치유받을 수 있도록 가교역할을 충실히 해야 하기 때문이라고 생각한다.

그런 의미에서 진정한 성공과 행복이란 무엇이겠는가?

무엇보다 모든 만물의 주인이신 하나님을 아는 것이고, 또 그 분이 계획하신 대로 그 분의 자녀가 되는 것이다. 그리고 그 분이 예비하신 그 분의 나라를 함께 누리는 것이 될 것이다.

이런 하나님의 뜻에 동참하여 자신의 믿음을 지키는 것은 물론, 하나님 나라를 확장하고 바닷물처럼 충만한 그 분의 영광이 온 세상에 가득 차는 그 날까지 그 분의 제자가 되어 나를 통해 하나님의 뜻이 형통해질 수 있도록 살아드리는 것이 바로 내가 형통하는 길이 될 것이다. 그것이 바로 진정한 성공이고 행복한 인생이 아니겠는가?

〈세상에서 가장 행복한 사람〉

하나님이 태초에 빛과 어둠을 창조하셨고 세상만물을 창조하셨다.
아담을 창조하셨고 그를 돕는 배필로 그의 갈비뼈를 취하여 하와를 창조하셨다.
그들을 에덴동산에 두었다.
그들은 참으로 행복했었다.

그들은 하나님과의 약속을 저버리고

사탄의 꾐에 넘어가 선악과를 훔쳐 먹었다.

그들의 행복은 오래가지 못했다.

아담과 하와의 선악과 범죄로 온 세상에 죄가 들어왔다.

예수님이 이 죄를 사하여 주시기 위해 십자가에 우리를 대신해서 달리셨다.

그 분은 하나님 자신이었음을 세상에 알리시며 삼일 만에 부활하셨다.

그로 인해 예수님을 믿으므로 우리는 구원을 얻을 수 있다.

예수님이 십자가 보혈의 공로로 우리는 하나님의 자녀가 되었다.

하나님은 알파요 오메가이시다.

세상의 주인이시다.

하나님은 길이요 진리요 생명이요 사랑이시다.

예수님은 부활하신 후 우리를 외롭게 놔두지 않으시려고

성령을 보내주신다고 약속해주셨고 그 약속대로 하셨다.

성령은 삼위일체 하나님이시다.

그래서 우리는 하나님과 동행하는 삶을 살고 있고

우리의 믿음에 따라 우리를 선한 길로 인도해주신다.

우리는 사는 동안 내 유익만을 위해 사는 것이 아니라

이웃을 사랑하며 세상의 빛과 소금의 역할을 다해야 한다.

하나님의 복음을 전하고 그 분의 나라 확장을 위해서 그렇게 살아야 한다.

우리에게는 사망이 없으므로 더 이상 사망에게 종노릇할 필요 없다.
오로지 하나님의 말씀, 사랑, 긍휼, 자비에 감사하며 담대하게
살아야 한다.

우리는 우리가 소망하는 천국을 맛보며 살 수 있으며
결국에는 왕 같은 제사장으로서 하나님의 자녀로서
하나님과 영생을 함께 할 것이다.

나는 믿는다.
감동한다.
그리고 감사한다.
그로인해 행복한 사람이고 싶다.

아, 사랑이다!

사랑은 한 떨기 꽃송이라고
그리고 당신은 바로 그 씨앗이라고 말하지요.
아파하길 두려워하는 마음은
결코 춤추는 방법을 배우지 못하지요.
깨어나는 것을 두려워하는 꿈은
결코 기회를 잡을 수 없어요.
받아들이지 못하는 이는 베풀 수도 없을 거예요.

나는 산책을 즐겨한다. 건강을 한번 잃은 적이 있는데 그 이후 절실한 마음으로 걷는다. 건강 때문에 시작은 했지만 지금은 풍경을 감상하는 것도 좋고 어떤 방해도 없이 이런 저런 생각들을 자유롭게 할 수 있어서 너무 좋다. 홀로 걸을 때면 고요함이 동행한다. 그래서 알게 되었다. 사색하기 위해서는 산책만큼 좋은 것이 없다는 것을. 산책할 때는 주변풍경을 놓칠 만큼 정신없이 걸을 필요는 없다. 그렇다고 풍경에 정신이 팔려 사색에 지장을 주어서도 안 된다. 산책도 오래하면 요령이 생긴다. 사색하기 좋은 길이 분명히 있다. 그것은 사람마다 취향에 따라 다를 수 있지만 나는 숲길이나 강변로가 좋다. 다행히 우리 집 근처에는 둘 다 있다.

많은 철학자, 문학가, 예술가들이 왜 그렇게 산책을 즐겨했는지 이해하게 되었다. 내가 이 책을 쓰게 된 것도 산책 덕분이다. 산책은 나에게 많은 영감을 주었고 결국 글을 쓰게 만들었다. 이 글은 좋아하는 친구들이나 삶을 진지하게 고민하는 사람들이 읽어주었으면 좋겠지만 우선 내 자신에게 하고 싶은 말들을 써내려갔다. 그동안의 삶을 반성하면서 두고두고 자신을 채근하는데 도움이 되었으면 하는 바람을 가지고 있다.

내가 쓰고 싶은 이야기는 하나님의 뜻과 사람들의 생각 간의 간격을 어떻게 하면 좁힐 수 있을까하는 것이다. 요컨대 하나님은 우리를 얼마나 사랑하는지를 알리는 것이고 우리는 하나님을 얼마나 문전박대하고 있는지를 성찰해보자는 의도가 있다. 우리가 나름대로 믿음생활을 하고 있다지만 무엇을 믿고 어떻게 믿음을 실천하고 있는지 되돌아보자는 뜻도 있다.

오스카 와일드의 작품 가운데 《나이팅게일과 장미》*라는 동화가 있다. 이 작품은 내가 평소 하고자 하는 이야기의 취지를 잘 담아내고 있어서 소개하고자 한다.

평소 흠모했던 소녀가 빨간 장미를 가지고 오면 너와 함께 춤을 출 수 있다는 말을 전해들은 소년의 환호성으로부터 시작된다. 그런데 정작 빨간 장미를 구하는 것이 문제였다. 자신의 정원에는 빨간 장미가 없다는 것을 알고 눈물을 글썽이며 시무룩해졌다.

털가시나무 둥지에서 이를 지켜보고 있던 새(나이팅게일)가 어떻게 하면 이 소년을 도울 수 있을까 고민한다. 나이팅게일은 소년이 소녀를 진실로 사랑한다는 것을 느꼈기 때문이다. 나는 사랑을 노래하지만 저 사람은 사랑 때문에 괴로워하는구나. 나에게는 기쁨인 것이 저 사람에게는 고통이구나. 참으로 사랑은 놀라운 일이야. 나일팅게일은 털가시나무에 앉아 조용히 사랑의 신비에 대해 생각했다.

나일팅게일은 정원에 있는 장미나무에게 말을 건넸다. 나에게 빨간 장미 한 송이만 줄 수 있겠니? 장미나무는 대답했다. 나는 하얀 장미야. 바다거품처럼 산꼭대기에 쌓인 눈처럼 하얗지. 나

* 오스카 와일드 저/하빈영 역, 오스카 와일드의 대표 동화집, 나일팅게일과 장미, pp.124~140

이팅게일은 다른 장미나무에게 날아가 말을 걸었다. 똑같이 빨간 장미 한 송이를 줄 것을 애원했다. 장미나무는 대답했다. 나는 노란 장미야. 인어공주의 머리카락처럼 노랗지.

나이팅게일은 포기하지 않고 다른 장미나무에게 다가가 말을 건넸다. 때마침 빨간 장미나무였다. 그런데 겨울 추위 때문에 장미 잎맥이 얼어버렸고 꽃봉오리가 시들어 있었다. 나이팅게일은 울먹이며 애원했다. 빨간 장미 한 송이면 돼요. 딱 한 송이. 장미나무가 대답했다. 방법이 전혀 없는 것은 아닌데 너무 끔찍해서 너에게 말해줄 수가 없어. 나이팅게일이 제발 말해달라고 간청하자 장미나무는 어쩔 수 없다는 듯이 말해주었다.

정말로 빨간 장미 한 송이를 원한다면 달빛 아래서 노래 부르면서 네가 직접 빨간 장미 한 송이를 만들어야 해. 그리고 네 심장의 피로 빨갛게 물들게 하는 거지. 내 가시에 네 가슴을 대고 넌 노래를 해야 해. 밤이 새도록 노래해야 하지. 내 가시는 네 심장을 찌를 거야. 그러면 네 피가 내 잎맥으로 들어와 내 것이 되는 거지.

나이팅게일은 장미나무로 날아가 가시에 가슴을 대고 노래 불렀다. 나이팅게일은 처음에는 소년과 소년의 마음으로 사랑의 탄생에 대해 노래했다. 그러자 장미나무 가장 높이 있는 나뭇가지에서 장미 꽃봉오리가 하나 생겼고 노래가 계속되자 꽃잎이 생겼다. 장미나무는 나이팅게일에게 좀더 가시 깊숙이 심장을 갖다 대라고 말했다. 그러자 점차 장미꽃잎이 붉은 빛을 띠었다. 마치 신부에게 입맞춤하는 신랑의 얼굴이 붉어지는 것과 같았다.

나이팅게일의 심장 속으로 장미가시가 더 깊숙이 들어가도록 가까이 다가갔다. 마침내 가시가 나이팅게일의 심장에 닿았다.

점점 더 고통스러워질수록 노래 소리는 더 커져만 갔다. 나이팅게일은 사랑은 죽음으로 완벽해진다는, 사랑은 무덤에서도 죽지 않는다는 가사내용의 노래를 불렀다.

드디어 장미 한 송이가 동쪽 하늘처럼 붉게 변했다. 나이팅게일은 심장에 가시를 꽂고 죽은 채 잔디위에 누웠다. 정오가 되자 소년은 창문을 열고 밖을 내다보았다. 아! 어찌나 운이 좋은지. 여기 빨간 장미 한 송이가 있어! 평생 이렇게 빨갛고 아름다운 장미는 본 적이 없어. 학생은 몸을 숙여 빨간 장미 한 송이를 꺾었다.

교수의 딸인 소녀는 집 뜰에서 얼레에 파란색 명주실을 감으며 앉아 있었고 작은 강아지가 소녀의 발치에 엎드려 있었다. 소년은 다가가 무릎을 굽히고 말했다. 빨간 장미 한 송이를 가져오면 나와 춤을 추겠다고 말했지요? 여기 세상에서 가장 빨갛고 아름다운 장미 한 송이를 가져왔어요. 이 장미를 가슴에 달고 나와 함께 춤을 춰요. 내가 얼마나 당신을 사랑하는지 말해줄게요.

하지만 소녀는 인상을 찌푸리며 말했다. 내 드레스랑 어울리지 않을 거예요. 게다가 궁내 장관님 조카는 진짜 보석을 주었어요. 보석이 꽃보다 훨씬 비싸다는 것은 모두가 알지요.

이렇게 말하는 소녀에게 소년은 당신은 정말 고마움이라는 것을 알지 못하는 사람이군요. 그러고는 장미를 길바닥에 내동댕이쳐버렸다. 수레바퀴가 장미를 밟고 지나갔다. 소녀는 화가 나서, 고마움을 모른다고요? 나도 한 마디 할게요. 당신은 무례하고 고작 학생이잖아요. 궁내 장관님 조카처럼 신발에 은장식을 달아본 적이 있는지 의심스럽네요. 그리고 방안으로 들어가 버렸다.

소년은 기운을 잃은 채 한 마디 했다. "사랑은 어찌나 우스운 것인지. 사랑은 논리의 반만큼도 쓸모가 없어. 어떤 것도 증명하지 못하니까. 그리고 일어나지 않을 것들만 말하지. 또 진실이 아닌 것을 믿게끔 하고 그래서 실제로 실용적이지 못해. 이 시대는 실용적인 것이 전부인데 말이야. 나는 철학공부나 해야겠어."

사랑하는 소녀에게 받치기 위해 빨간 장미꽃 한 송이를 원했던 소년, 그리고 그가 진실한 사랑을 하는 줄 알고 그 빨간 장미꽃 한 송이를 피우기 위해 목숨을 바친 새 나이팅게일, 진실한 사랑 따위는 관심도 없는 세속적인 소녀와 얽힌 이야기다. 오로지 진실한 사랑을 한 자는 나이팅게일뿐이었다.

누군가의 사랑을 응원하기 위해 자신의 목숨까지 바친 이 숭고한 사랑이 우리를 슬프게 하는 것은 소년과 소녀의 사랑이 진정성이 없었다는 점 때문이다.

나는 여기서 십자가의 예수 그리스도를 떠올린다. 그 분은 사람들의 사랑을 응원하기 위해 자신의 목숨을 바쳤다. 아마 작가 오스카 와일드도 성서에서 영감을 받고 이점을 이야기하고 싶었는지 모르겠다. 성서는 우리에게 사랑하라고 강조한다. 특히 예수님의 사랑을 본받으라고 얘기한다.

예수께서 이르시되 네 마음을 다하고 목숨을 다하고 뜻을 다하여 주 너의 하나님을 사랑하라 하셨으니 이것이 크고 첫째 계명이요 둘째도 그와 같으니 네 이웃을 네 자신과 같이 사랑하라하셨으니 이 두 계명이 온 율법과 선지자의 강령이라. (마태복음 22:37~40)

새 계명을 너희에게 주노니 서로 사랑하라. 내가 너희를 사랑한 것 같이 너희도 서로 사랑하라. (요한복음 13:34)

나는 생각해본다. 우리의 사랑이 얼마나 이기적이고 편의적인가를. 어쩌면 사랑이라는 말을 붙이기도 적당하지 않을 지도 모르겠다. 가장 숭고한 사랑은 생명의 희생을 통해서 또 다른 생명을 구하는 것이다. 예수님의 사랑과 우리가 생각하는 사랑 사이에는 얼마나 큰 차이가 있는지 측량하기 어려울 정도이다.

우리의 삶이 늘 혼란스럽고 불협화음을 내는 이유는 바로 이 거리감을 좀처럼 좁히지 못하기 때문이 아닐까. 그래서 우리가 깨달아야 할 것은 진실한 사랑이다. 바로 예수님의 사랑이다.

〈The Rose by Bette Midler〉

Some say love
it is s river that drowns the tender reed
Some say love
it is s razor that leaves your soul to bleed
Some say love
it is s hunger that an endless aching need
I say love it is a flower and you it's only seed
it's the heart, afraid of breaking that never learns to dance
it's the dream afraid of waking that never takes the chance
it's the one who won't be taken who cannot seem to give
and the soul afraid of dying that never learns to live
When the night has been too Lonely and the road has been too
long
and you think that love is onry for the lucky anad the strong
Just remember in the winter far beneath the bitter snows

Lies the seed that with the sun's love in the spring becomes the rose

〈베트 미들러의 장미〉

누군가 말했지
사랑은 연약한 갈대를 삼켜버린 강물이라고
누군가 말했지
사랑은 영혼에 상처 입혀 피 흘리게 하는 면도날이고
누군가 말했지
사랑은 끊임없이 아파하는 갈망이라고
하지만 난,
사랑은 한 떨기 꽃송이라고
그리고 당신은 바로 그 씨앗이라고 말하지요.
아파하길 두려워하는 마음은 결코 춤추는 방법을 배우지 못하
지요.
깨어나는 것을 두려워하는 꿈은 결코 기회를 잡을 수 없어요.
받아들이지 못하는 이는 베풀 수도 없을 거예요.
그리고 죽는 것을 두려워하는 영혼은 결코 사는 걸 배우지 못
하지요.
너무나 쓸쓸한 밤을 보냈고 너무 먼 길을 걸었을 때
사랑은 오직 운이 좋고 강한 사람만을 위한 것으로 생각하겠
지요.
하지만 기억해보세요.
매서운 겨울날 차가운 눈 더미 속에서도
봄에 태양의 사랑으로 한 송이 장미로 피어날 씨앗이 있다는 것을

아름다움은

고정되는 것이 아니다

철새에게 배워야 합니다.
그들의 편견 없는 날갯짓을
삶에 대한 진지한 태도를

아름다움은 영원히 고정되는 것이 아니다. 완성된 작품은 시간의 흐름에 따라 변하고, 시대마다 미의식에 따라 변화를 겪는다. 하지만 우리가 고정관념에서 벗어나지 못한다면 예술가들은 상당 기간 그 위상을 견고하게 차지할 수도 있다. 중국의 사상가 위치우위는 자신의 저서 《사색의 즐거움》에서 "예술창작은 우리의 정신활동 가운데 임의성이 가장 큰 행위이다."*라고 했다.

그렇다. 시인이나 소설가가 쓴 한 구절 한 구절이 시인의 머릿속에 저장된 것을 풀어 쓴 것이 아니다. 화가가 그린 그림이 붓의 터치 하나 하나가 모두 계획된 것은 아니다. 사진가들의 작품도 빛의 세기와 방향으로부터 영향을 받을 수밖에 없다. 도자기를 굽는 도예가도 자신의 역할을 다한 후 숨죽이며 구워져 나올 도자기를 기도하는 심정으로 기다리는 수밖에 없다.

모든 예술의 영역에서 항상 필연성만이 존재하는 것은 아니다. 오히려 창작하는 사람도 의외성을 상상하면서 우연한 위대함을 기대한다. 어떤 예술가도 우연한 충동성이나 영감을 예견할 수 있는 것이 아니다. 말하자면 예술적 예지나 영감은 임의적으로 주어지는 것이다. 그러나 예술가마다 그것이 무슨 계기로 어떤 경로로 찾아오는지 아무도 설명해주지 않는다. 그래서 사람들은

* 우치우위 저/심규호, 위소영 역, 사색의 즐거움, p.159, 이다미디어

그런 그들을 천재라고 치켜세운다. 그렇지만 천재(天才)라는 단어도 따지고 보면 신이 준 재능을 뜻한다.

언젠가부터 예술은 거대한 울타리로 가로막힌 특별한 사람들의 놀이터가 되어버렸다. 그리고 자신들은 일반사람들과는 다르다는 의식을 여러 형태로 보여준다. 물론 창작은 고단한 일이다. 뜻대로 결과물이 나와 주지 않을 때 느끼는 좌절감 같은 것은 이루 말할 수 없을 것이다.

사실 진정한 예술가는 자신의 독창성이나 남들이 범접할 없는 어떤 경지에 이르는 것이 목표가 되어서는 안 된다. 우선 신의 섭리와 자연의 이치를 깨닫고 어떻게 인류공영에 이바지할 것인가를 먼저 자신에게 물어야 할 것이다. 그저 자신을 뽐내는 기술이거나 상업적 목적을 염두에 둔 행위에 그친다면 그것은 공장에서 생산되는 제품과 다를 바 없다.

예술가들은 아름다움을 창조해내는 일을 하는 역할이 주어져 있음을 자각해야 한다. 문학가는 아름다운 언어의 조합을 통해 우리에게 감명을 주고 화가는 세상의 아름다운 질서를 우리에게 깨우쳐주며 우리의 삶을 보다 윤택하게 해준다. 도예공은 혼신(魂神)을 다하여 자연재료를 생활도구로 바꿔주기도 하고 자연에서나 볼 수 있는 곡선(曲線)의 아름다움을 우리에게 선사한다.

사람들은 예술가들의 창작품에 자신의 감정을 이입하여 자신도 그와 같은 인간이라는 것에 자부심을 느끼고 동질감을 느낀다. 예술가들의 창작이 여기에 이를 때 비로소 그들은 진정한 예술가인 것이다.

그런 관점에서 생각해보면 누구나 예술가가 될 수 있다. 집안의 정원을 가꾸는 사람들도, 거리에서 청소하는 분들도, 교통질서를 지키는 시민들도, 논밭을 일구는 농부들도 훌륭한 예술가들이다. 그들의 손길이 세상을 아름답게 하는데 일조한다. 세상의 질서를 이끄는 역할을 묵묵히 수행하고 있는 것이다.

예술가는 학력이나 수상경력, 개성 등으로 평가받는 것이 아니다. 예술가는 단편적인 성향이나 자신만의 개성 있는 세계를 구축하는 것만을 지향해서는 안 될 것이다. 작품을 통해 인류 공동체의 조화로운 삶을 위한 철학적 가치를 담아내거나 인간 정신에 고매한 향기를 불어넣을 수 있어야 한다.

궁극적으로 예술이 생활이 되고, 생활은 예술이 될 수 있어야 한다. 예술가나 일반사람이나 이것을 자각할 때 우리는 고품격의 인간다운 삶을 영위할 수 있다. 그래서 역할은 다르지만 모두가 예술가가 되고 서로에게 아름다운 존재가 되는 것이다. 그 아름다움은 영원히 고정되는 것이 아니기 때문에 꾸준히 예술가의 심정으로 노력하고 스스로 삶의 주인이 되며 더불어 사는 세상의 일원이 될 수 있어야 한다.

〈철새들의 변론〉

철새들은
자신의 체온에 맞는 지역을 찾아
옮겨 날아다닙니다.
삶을 위한 자구책(自救策)이지요.

온힘을 다해 산을 넘고 바다를 건너면서도
결코 환경을 탓하거나 변명하지 않습니다.
떠난 곳으로 언젠가 다시 돌아올 것을 알고 있기 때문입니다.

혹자들은 사람들의 변심을 철새에 비유합니다.
철새를 호되게 모욕하는 일입니다.
철새는 결코 수치스러운 일을 한 적이 없습니다.
떠난 자리를 욕보이지도 않습니다.

그러나 사람들의 변심은 다릅니다.
자신이 있던 자리를 강하게 비난하면서
자리를 박차고 떠나버립니다.
그들은 환경을 탓하지만
사실은 자신들의 욕심 때문이라는 것을 우리는 잘 압니다.

그러면서 자신의 변심 이유로
상대방을 탓하고 세상을 탓합니다.
별다른 변명거리를 찾을 수 없기 때문일 겁니다.
어쩌면 자신이 변해버린 마음을 미처 알아차리지 못했기 때문일 수도 있습니다.

철새는 자신의 처지를 잘 압니다.
그리고 그것을 굳이 감추려 하지 않습니다.
환경이 자신을 불편하게 하더라도 불평하지 않습니다.
환경에 맞추어 자신이 변화를 선택합니다.
그러나 변심한 사람들은 모든 것을 남의 탓, 사회 탓으로 돌립니다.

철새에게 배워야 합니다.
그들의 편견 없는 날갯짓을
삶에 대한 진지한 태도를

중년이여,

아름다워라

지금까지 그럭저럭 잘 살아온 인생
앞으로 정신 줄 놓지 않고 살아야 할 인생
중년이여, 힘을 내시라.
중년이여, 아름다워라.

"우린 늙어가는 것이 아니라 조금씩 익어가는 겁니다." 이 문장은 가수 노사연의 〈바램〉이라는 노래가사 일부다. 아마도 이 부분의 가사 때문에 많은 중장년층으로부터 공감을 불러일으키며 대중들의 많은 사랑은 받았던 노래가 아닌가 생각된다.

내 손에 잡은 것이 많아서 손이 아픕니다.
등에 짊어진 삶의 무게가 온 몸을 아프게 하고
매일 해결해야 할 일 때문에 내 시간도 없이 살다가
평생 바쁘게 살아왔으니 다리도 아픕니다.
내가 힘들고 외로워질 때 내 얘길 조금만 들어준다면
어느 날 갑자기 세월의 한복판에 덩그러니 혼자 서 있진 않겠죠.
큰 것도 아니고 아주 작은 한 마디
지친 나를 안아주면서
사랑한다. 정말 사랑한다는 그 말을 해준다면
나는 사막을 걷는다 해도 꽃길이라 생각할 겁니다.
우린 늙어가는 것이 아니라 조금씩 익어가는 겁니다.

누구나 태어나면서부터 자신의 의지와는 상관없이 나이 들어간다. 제아무리 신경을 쓴다고 해도 세월에는 장사가 없다. 나이가 들어 얼굴에는 주름이 가득한데 아직 익지 않은 사람들이 너무 많다. 나 자신도 그렇다.

무엇이 어른이 되는 것을 가로막는 걸까?

젖을 뗄 나이가 넘었는데 여전히 젖을 떼지 못하고 있다. 자립할 나이가 되었는데도 여전히 정신적으로 안정을 찾지 못하고 있다. 힘들고 외로운 사람들의 얘기를 조금도 들어주지 못한다. 지친 사람들을 안아주면서 사랑한다. 정말 사랑한다고 말하지 못한다.

아마도 우리가 부모의 잔소리, 상급자의 지시, 군중의 의견, 친구들의 참견을 들은 후에야 비로소 걸음을 옮기는 습성이 있기 때문은 아닐까. 아직까지 정신의 젖을 떼지 못했다는 증거다.

가장 두려운 것은 젖을 떼지 못한 사람들이 의외로 많다는 점이고 게다가 사회는 그들에게 줄만한 영양가 있는 젖이 더 이상 존재하지 않는다는 점이다. 그래서 어쩔 수 없이 세상의 수많은 유해한 음료들을 마실 수밖에 없으며 그로 인해 정신건강을 해치고 있다.

우리 사회에 어른이 없다는 말을 자주 듣곤 한다. 무슨 뜻일까? 그것은 사회에 영양가 있는 젖을 나누어줄 공급자가 없다는 뜻이다. 말하자면 지혜롭고 성숙한 어른이 없다는 것이다. 존경하고 귀 기울일 만한 스승이 없다는 것이다. 주위에 허물없이 찾아가 여쭤볼 만한 어른이 없다는 얘기다.

그런 사회일수록 더 이상 어른들을 공경하지 않게 된다. 그래서 세상은 늘 소란스럽고 무질서하다. 사회가 어른스러워진다는 것은 공경할 만한 어른이 많아진다는 뜻이다. 우리가 늙어가는 것이 아니라 익어가야 하는 이유다.

중년을 나이로 얘기하라고 하면 정확히 대답할 자신이 없다.

그냥 자신이 청년은 아니고 노년은 아니라고 생각하면 그 사람이 바로 중년이다. 중년은 인생의 한 가운데 있는 시기라고 할 수 있다. 꿈을 이룬 사람은 꿈을 이룬 대로 꿈을 이루지 못한 사람은 또 그런대로 중년은 누구나 아쉬움과 미련이 있게 마련이고 노년에 대한 두려움도 더불어 가지고 있다.

중년의 시기는 청년의 시절을 떠올리거나 노년을 걱정하며 보내기 십상이다. 돌아갈 수 없는 과거에 미련을 두는 것도 아직 오지 않는 미래를 두려워하는 것도 과연 옳은 일인지 생각해본다.

중년은 많은 것을 짊어지고 있다. 아래로는 젊은이들의 응석을 받아주어야 하고 위로는 노인들의 푸념을 받아주어야 한다. 이것이 중년의 무게다. 중년(中年)은 어느 샌가 중년(重年)이 되어버린다. 중년의 무게는 그들만이 가능한 중후한 멋스러움으로 드러낼 수 있어야 한다. 중년이 무너지면 우리 사회가 위험해진다.

우리 사회의 균형을 잡아야 할 중요한 위치에 있다. 젊은이는 푸른 꿈을 꾸고 노인은 풍류를 즐길 때 중년은 세상의 한 가운데에서 여전히 치열한 삶을 살아야 한다. 중년이면 인생에 대해 좀 알만도 한데 여전히 알지 못하고 받아들이기 힘든 것투성이다.

그래도 중년은 아름답다. 자연스럽게 생긴 주름도 하얗게 변해버린 머리색도 모두 삶의 훈장이다. 모르는 것은 모르는 대로 얻지 못한 것은 얻지 못한 대로 이해되지 않는 것은 또 그런대로 그렇게 살아야 할 것 같다. 그것이 가장 자연스럽게 중년을 보내는 자세가 아닐까.

만약 우리가 세상의 모든 것을 가졌다거나 세상의 모든 것을 이해할 수 있었다면 그만큼 행복질 수 있었을까? 반드시 그렇지는 않을 것이다. 아마도 우리 몸과 마음이 감당하지 못하고 지쳐

쓰러졌거나 미쳐버렸을지도 모른다. 지금까지 그럭저럭 잘 살아온 인생 앞으로 정신 줄 놓지 않고 살아야 할 인생 중년이여, 힘을 내시라. 중년이여, 아름다워라.

〈거룩함을 노래하다〉

내 심장을 때려 부수소서, 삼위일체 신이시여.
당신은 여태껏 두들기고, 불고, 윤내고, 수선하려고 할 뿐입니다.
내가 일어나서 설 수 있도록 나를 뒤엎으시고
당신의 힘을 쏟아서 깨고, 불고, 태워서 새롭게 만드소서.
나는 강탈당한 도시처럼, 다른 사람의 소유가 된 채,
당신을 받아들이려고 애쓰지만 그러나 아, 아무런 소용이 없습니다.
내 안에 있는 당신의 총독인 이성은 나를 방어해야 하지만,
포로가 되어, 아무런 힘이 없거나 배반한 것으로 드러났습니다.
그럼에도 나는 당신을 극진히 사랑하고 즐겨 사랑받기 원하지만,
당신의 적과 약혼한 몸이 되고 말았습니다.
나를 이혼시켜 그 연분을 다시 풀어버리거나 깨뜨려주소서.
나를 당신에게 붙잡아 가서 투옥시키소서.
나는 당신께서 노예로 만들지 않으시면 자유롭지 못할 것이고
당신께서 겁탈하지 않으면 결코 정숙하지 못할 것입니다.*

---

* 윤정묵 저, 해설이 있는 영시, 존 단(John Donne 1844~1889), 거룩함을 노래하다, pp.111~112, 전남대학교출판문화원

저는

아무것도

모릅니다

새끼 양아, 누가 널 만들었니?
너는 아니? 누가 널 만들었는지.
너에게 생명을 주고,
시냇가와 풀밭 위에서 먹게 해주고,
부드럽기 그지없고, 양모처럼 빛나는
희열의 옷을 주었지.

베이컨의 말처럼 "아는 것이 힘이다." 어쩌면 지극히 상식적이며 이치에 맞는 말이다. 하지만 지식과 정보가 더 이상 인간에게 이로운 것들만 주는 것이 아니라는 생각이 든다. "저는 아무것도 모릅니다. 저는 아무것도 알지 않기로 했습니다." 이 말은 다소 선언적인 의미가 강하지만 실제로 나는 할 수만 있다면 모든 것을 내려놓고 아무것도 없는 상태로 비워버리고 싶다.

그동안 수집된 지식과 정보 덕분에 평생을 살아온 사람이 이율배반적으로 들릴 수도 있겠다. 하지만 역설적으로 자신이 그 지식과 정보로 저지른 실수와 오류들을 되짚어보면 그 말은 어느 정도 진실이다. 지금도 글을 쓰면서 내적 갈등이 심하게 요동치고 있다. 다만 읽지 않고 쓰지 않고는 살 수 없다는 것을 미리 고백한다.

세상의 정보는 이제 입에 담을 수 없을 정도로 상업화하였고 어떤 영감도 주지 못하며 더 끔찍한 것은 사람들을 불행하게 할 수 있는 무기가 되어가고 있다는 점이다. 정보들 중에는 유익한 것보다 무익한 것이 훨씬 많다는 점을 간과해서는 안 된다. 그렇다고 모든 정보를 차단하는 것은 마치 스스로 어리석은 바보가 되겠다고 선언하는 꼴이 되는 것이다.

그런데 정보를 제대로 분별하는 것은 훨씬 더 어려운 일이다.

사람들은 누구든지 사상가나 비평가가 되어가고 있다. 어떤 말에도 댓글을 달며 자신의 정보능력을 과시하려 한다. 실제로 거기에는 사실도 있지만 그럴듯하지만 가짜도 적지 않다.

지식이나 정보가 이토록 사회를 병들게 할 수 있다는 점에 놀라지 않을 수 없다. 미래세대는 누가 더 많은 정보(big data)를 소유하느냐의 전쟁이라고 한다. 그것은 국가나 기업, 사회, 개인도 마찬가지다. 정보의 소유 여부는 부익부 빈익빈을 더욱 심화시킬 것이라고 미래학자들은 예측하고 있다. 더 끔찍한 것은 일등만 있고, 이등 삼등은 모두 패자가 될 수 있다는 점이다. 일등하지 못하면 일등이 자비를 베풀기만을 기다려야 할지도 모른다.

하이데거는 정보는 '명령'이라고 했다. 그런 의미로 볼 때 우리가 정보를 얻는다는 의미는 혹여 명령을 놓칠까 어쩔 줄 몰라 하며 사는 것과 다를 바 없다. 직장에 다니고 있는 사람들은 공감하겠지만 아침에 출근하여 메일(e-mail)을 열어보는 것이 업무의 시작이 된다.

하이데거의 말처럼 정보를 얻는다기보다는 명령을 하달 받는 느낌으로 제법 긴장하며 메일을 열어본다. 일상의 업무 대신 새로운 지시가 잔뜩 메일을 채우고 있을 때 이미 기분은 상하게 되며 그 날은 다른 날보다 더 분주해진다.

디지털시대로의 전환은 인간의 삶을 더욱 편리하게 해줄 거라고 기대하고 있는 것 같다. 그것은 아마도 자율주행 자동차나 가전기기의 편리함을 상상하는데서 기인한 것 같다. 하지만 일각에서는 개인의 삶이 더욱 피폐해질 것이라고 우려하고 있다. 매일 아침 일어나 자신이 가지고 있는 정보를 업데이트해야만 버틸 수 있는 세상이 될 것이다.

자신이 가진 감각에 의존하던 삶이 갑자기 데이터에 의해 좌우되는 삶을 살아야 한다. 사람들은 정체성의 혼란을 겪게 될 것이며 오히려 인간의 본성이나 본연의 능력은 감퇴하고 기계맞춤형 인간으로 급속도로 진화되지 않으면 안 될 것이다. 이것이야말로 바둑에서 일컫는 자충수가 될 것이 뻔하다. 말하자면 장고 끝에 악수를 두는 형국이 될 것이다.

이것이 과연 진정으로 인류가 꿈 꿔온 세상의 참모습일까? 곰곰이, 천천히 생각해볼 필요가 있을 것 같다. 기계가 스마트해지는 세상이 오는데 뭐가 불만입니까? 라고 반문할지 모른다. 명령만 내리면 착착 해결될 터인데 뭐가 그리 걱정입니까? 라고 재차 질문할지 모른다. 그래요, 멋진 일처럼 보일 수 있겠네요.

하지만 편리한 세상과 행복한 세상은 그림 자체가 다르다는 것을 깨달아야 한다. 모든 것은 하나를 겨냥해 잘못된 지식을 사용하고 있다는 점을 간과해서는 안 될 것이다. 말하자면 그 공격의 목표점에 하나님이 있다는 것을 알았으면 좋겠다.

바벨탑 사건을 기억해보라고 권하고 싶다.

서로 말하되 자, 벽돌을 만들어 견고히 굽자 하고 이에 벽돌로 돌을 대신하여 역청으로 진흙을 대신하고 또 말하되 자, 성읍과 탑을 건설하여 그 탑 꼭대기를 하늘에 닿게 하여 우리 이름을 내고 온 지면에 흩어짐을 면하자 하였더니 여호와께서 사람들이 건설하는 그 성읍과 탑을 보려고 내려오셨더라. 여호와께서 이르시되 이 무리가 한 족속이요 언어도 하나이므로 이같이 시작하였으니 이 후로는 그 하고자 하는 일을 막을 수 없으리로다. 자, 우리가 내려가서 거기서 그들의 언어를 혼잡하게 하여 그들이 서로 알아듣지 못하게 하자 하시고 여호와께서 거기서 그들을 온 지면에 흩으셨으므로 그들이 그 도시를 건설하기를 그쳤더라.(창세기 11:3~8)

인간은 오직 하나의 귀결점인 신에게 도전하고 있는 꼴이다. 빛이 있으라 하니 빛이 있었고 땅이 있으라 하니 땅이 지어진 것처럼(창세기 1:3) 사람들은 신의 자리를 넘보고 있는 것이다. 그런 자리를 그리며 명령할 날만을 고대하고 있을지 모른다. 그러나 인간의 본질로 돌아가지 않으면 그 결과는 파국이라는 것을 우리는 역사 속에서 보았다. 그래서 믿음의 눈으로 바라보아야 한다.

바울은 예수님의 십자가 외에는 아무것도 알지 않기로 했다고 말했다.

내가 너희 중에서 예수 그리스도와 그가 십자가에 못 박히신 것 외에는 아무 도 알지 아니하기로 작정하였음이라.(고린도전서 2:2)

내 안에서는 온갖 잡념들이 자신을 괴롭히고 있고 내 밖에서는 그릇된 지식 정보들이 나를 가만두지 않네요. 우리 안에 지식과 정보들이 쌓여갈 때면 자신도 모르게 교만해진다. 남보다 안다는 것에 우월감을 느끼고 싶은 것이다.

성서는 애굽이 멸망한 이유에 대해서 교만 때문이라고 했다.

그러므로 주 여호와께서 이같이 말씀하셨느니라. 그의 키가 크고 꼭대기가 구름에 닿아서 높이 솟았으므로 마음이 교만하였은즉 내가 여러 나라의 능한 자의 손에 넘겨줄지라 그가 임의로 대우할 것은 내가 그의 악으로 말미암아 쫓아내었음이라.(에스겔 31:10~11)

어디 그들에게만 해당되는 말씀이겠는가. 모든 사람이 살면서 가장 유의할 것 가운데 하나가 바로 교만이라는 것을 말해준다.

교만은 패망의 선봉이요 거만한 마음은 넘어짐의 앞잡이니라. (잠언 16:18)

우리는 다 양 같아서 그저 제 갈 길을 갔을 뿐이다.

그가 찔림은 우리의 허물 때문이요 그가 상함은 우리의 죄악 때문이라 그가 징계를 받으므로 우리는 평화를 누리고 그가 채찍에 맞으므로 우리는 평화를 누리고 그가 채찍에 맞으므로 우리는 나음을 받았도다. 우리는 다 양 같아서 그릇 행하여 각기 제 길로 갔거늘 여호와께서 우리 모두의 죄악을 그에게 담당시키셨도다. (이사야서 53:5~6)

그래서
저는 아무것도 모른다고 말할 수밖에 없다.
저는 아무것도 알지 않기로 했다고 결심할 수밖에 없다.
절대적으로 알아야 할 것 외에는….

나는 선한 목자라 선한 목자는 양들을 위하여 목숨을 버리거니와 삯꾼은 목자도 아니요 양도 제 양이 아니라 이리가 오는 것을 보면 양을 버리고 달아나나니 이리가 양을 늑탈하고 또 헤치느니라. 달아나는 것은 저가 삯꾼인 까닭에 양을 돌아보지 아니함이나 나는 선한 목자라 내가 내 양을 알고 양도 나를 아는 것이 아버지께서 나를 아시고 내가 아버지를 아는 것 같으니 나는 양을 위하여 목숨을 버리노라. (요한복음 10:11~15)

〈어린 양〉

새끼 양아, 누가 널 만들었니?
너는 아니? 누가 널 만들었는지
너에게 생명을 주고, 시냇가와 풀밭 위에서 먹게 해주고,
부드럽기 그지없고, 양모처럼 빛나는
희열의 옷을 주었지.

모든 골짜기가 즐거워하는
그렇게 부드러운 목소리를 주었는지!
새끼 양아, 누가 널 만들었니?
너는 아니? 누가 널 만들었는지

새끼 양아, 내가 말해줄게,
새끼 양아, 내가 말해줄게!
그 분은 너의 이름으로 불린단다.
스스로 자신을 양이라 하셨기에,
그 분은 온화하고 부드러우시다.
그 분은 어린아이가 되셨단다.

나는 아이 그리고 너는 양
우리는 그 분의 이름으로 불리네.
새끼 양아, 하나님 널 축복하길
새끼 양아, 하나님 널 축복하길*

* 윌리엄 블레이크 저/서강목 역(2007), 블레이크 시선, p.28, 지식을 만드는 지식

터무니없는 일

세상은 여러 가지 힘이 만들어낸 것이 아니라
하나의 의지, 하나의 정신이 만든 산물이다.

‘터무니없다’는 말의 유래를 보면 ‘이치나 도리에 맞지 않는다.’는 뜻으로 터무니는 원래 터를 잡은 자리의 자취를 말한다. 무늬는 무늬에서 온 말로 터를 잡은 흔적을 말한다. 따라서 터무니없다는 말은 터를 잡은 흔적이 없다는 뜻으로 전혀 근거가 없거나 이치에 닿지 않는 상황을 말할 때 사용한다.

　좀더 구체적으로 풀어보면 요컨대 가을걷이를 끝내고 강에 다리를 놓기 위해 온 동네 사람들이 모였다. 다리 뼈대를 세우고 서까래를 엮어 솔가지 등을 채운 후 뗏장을 거꾸로 덮어 마감한다. 강폭이 가장 짧은 곳에 다리가 놓여진다. 여기서 다리를 세울 수 있는 강변이 터이고 다리가 무늬가 된다.

　온 동네 사람들이 힘을 모아 어렵사리 다리를 놓았는데 간밤에 난데없이 국지성 호우가 내려 아무런 흔적도 남기지 않은 채 빗물에 휩쓸려 떠내려가 버렸다. 동네 사람들 입장에서 보면 터무니없는 일이 일어난 것이다.

　사실 이런 터무니없는 일들이 자연재해가 아닌 도시화 과정에서 공공연하게 일어나고 있다. 수십 년 수백 년 된 노거수가 하루 아침에 잘려 나가고 이끼가 끼어 풍치를 느끼게 하는 돌담이 하나 둘 사라져가고 있다. 뿐만 아니라 대규모 아파트 개발이 진행되면서 정겨운 마을과 아기자기한 골목길들이 자취를 감추고 있다. 이것이야말로 터무니없는 일이 아닌가 싶다.

성서의 예를 보자. 출애굽기 이야기다. 이집트에서 400여 년 동안 노예생활을 했던 이스라엘 백성을 온갖 재앙에서도 보호해 주시고 막바지 궁지에 몰린 그들을 홍해를 갈라 건너게 하는 기적을 베풀었다. 그럼에도 불구하고 모세가 하나님을 만나러 시내산에 올라가 있는 동안 온갖 불평과 불만을 털어놓았고 이윽고 아론과 더불어 우상을 만들어 숭배하고 춤추며 축제를 벌인 일이 있었다.

물론 광야생활의 불편함이 이루 말할 수 없었을 것이다. 먹을 것이나 입을 것 잠자리 등이 왜 불편하지 않았겠는가. 하지만 하나님의 존재와 그 분의 은혜가 어떠했는지 충분히 경험했었지 않았는가. 하지만 이스라엘 백성들은 그 사실을 까맣게 잊어버리고 자신들의 처지에만 주목하면서 불평불만을 쏟아냈던 것이다. 그리고 마침내 금송아지를 만들어 그것들을 하나님이라고 섬겼던 것이다. 이 역시 터무니없는 일이다. 그들에게서 은혜의 흔적을 전혀 찾아볼 수 없었던 것이다.

우리가 하나님의 사람이라면 우리에게 하나님 은혜의 흔적이 남아 있어야 한다. 그렇지 않으면 우리는 터무니없는 사람이 될 것이다.

〈숭고한 믿음〉

세상은 여러 가지 힘이 만들어낸 것이 아니라
하나의 의지, 하나의 정신이 만든 산물이다.
그 하나의 정신은 모든 곳에서
심지어 별의 빛살 하나하나

113

연못의 잔물결 하나하나에도 작용하고 있으며
무엇이든 그 의지에 반하는 것은
어디에나 앞이 막힐 것이며 실패할 것이다.
왜냐하면
만물은 그렇게 만들어졌고
예외는 없기 때문이다.*

* 랄프 월도 에머슨(Ralph Waldo Emerson) 저/지소철 역. 에머슨의 위대한 연설, pp.74~75, for book

지루한 족보 이야기 속에

감추어진

하나님의 사랑

이내 닥칠 눈 시린 기나긴 밤들을
잘 견디고 견뎌내고서
새로운 계절의 따스한 햇살 앞에
당당하고 우아한 날갯짓 하길
간절한 마음으로 그 날을 기다릴 터.

성서에서 가장 지루한 부분이 어디냐고 묻는다면 십중팔구 어려운 이름들이 계속 나열되는 족보 이야기가 아닐까. 그런데 왜 굳이 이러한 이야기가 창세기뿐 아니라 마태복음에도 등장하는 걸까? 하나님이 그렇게 의미 없는 말씀을 구약과 신약의 첫머리에 두게 하셨을 리 없다. 그 족보에 담긴 의미와 문장의 행간 속에 숨겨진 하나님의 속뜻을 헤아려보아야 하지 않을까.

아담이 그의 아내 하와와 동침하매 하와가 임신하여 가인을 낳고 이르되 여호와로 말미암아 득남하였다 하니라. 그가 또 가인의 아우 아벨을 낳았는데 아벨은 양치는 자였고 가인은 농사지었더라.(창세기 4:1~4)

위의 말씀에서 알 수 있는 것은 아담과 하와가 가인을 낳았을 때 여호와로 말미암아 득남하였다고 하였다. 여전히 하나님은 사람의 창조과정에 관여하고 계심을 알 수 있다.

가인이 그의 아우 아벨에게 말하고 그들이 들에 있을 때에 가인이 아우 아벨을 쳐 죽이니라. 여호와께서 이르시되 네 아우 아벨은 어디 있느냐 그가 이르되 내가 알지 못하나이다. 내가 아우를 지키는 자이니이까.(창세기 4:8~9)

가인의 범죄는 하나님으로 인해 자신이 창조되었고 하나님의 은혜 가운데 살아야 하는 자신의 존재 가치에 대해 알지 못했거나 알았지만 믿음이 없었던 같다. 그는 가장 아껴야 할 아우 아벨을 보호해주는 역할을 하는 것이 아니라 경쟁자로 오인하고 시기심으로 인해 살해하고 말았다.

사실 어떤 것도 우리가 마음대로 할 수 있는 것이 없다 원주인은 하나님이시기 때문이다. 그런데 하물며 가장 아껴야 할 아우를 죽인 것이다. 이런 성품이라면 이웃이나 타인을 대할 태도는 어떠할지 눈에 선하다.

땅이 그 입을 벌려 네 손에서부터 네 아우의 피를 받았은즉 네가 땅에서 저주를 받으리니 네가 밭을 갈아도 땅이 다시는 그 효력을 네게 주지 않을 것이요 너는 땅에서 피하며 유리하는 자가 되리라. 가인이 여호와께 아뢰되 내 죄벌이 지기가 너무 무거우니이다. 주께서 오늘 이 지면에서 나를 쫓아내시온즉 내가 주의 낯을 뵈옵지 못하리니 내가 땅에서 피하며 유리하는 자가 될지라. 무릇 나를 만나는 자마다 나를 죽이겠나이다. 여호와께서 그에게 이르시되 그렇지 아니하다 가인을 죽이는 자는 벌을 칠배나 받으리라 하시고 가인에게 표를 주사 그를 만나는 모든 사람에게 죽임을 면하게 하시리라.(창세기 4:11~15)

에덴동산에서 추방할 때 아담과 하와에게 가죽 옷을 입히시고 보호해주신 것처럼 가인에게도 표를 주시므로 죽음으로부터 보호하셨다. 하나님은 엄청난 죄를 범했음에도 불구하고 자신이 창조하신 사람을 이토록 사랑하신다는 것을 보여주신 것이다.

가인은 아내와 동침하매 그가 임신하여 에녹을 낳은지라 가인이 성을 쌓고 그의 아들의 이름으로 성을 이름하여 에녹이라 하니라. 에녹이 이랏을 낳고 이랏은 므후야엘을 낳고 므후야엘은 므드사엘을 낳고 므드사엘은 라멕을 낳았더라. 라멕이 두 아내를 맞이하였으니 하나의 이름은 아다요 하나의 이름은 씰라였더라. 아다는 야발을 낳았으니 그는 장막에 거주하며 가축을 치는 자의 조상이 되었고 그의 아우의 이름은 유발이니 그는 수금과 퉁소를 잡는 모든 자의 조상이 되었으며 씰라는 두발가인을 낳았으니 그는 구리와 여러 가지 기구를 만드는 자요 두발가인의 누이는 나아마였더라. 라멕이 아내들에게 이르되 아다와 씰라여 내 목소리를 들으라 라멕의 아내들이여 내 말을 들으라 내가 사람을 죽였고 나의 상함으로 말미암아 소년을 죽였도다. 가인을 위하여는 벌이 칠 배일진대 라멕을 위하여는 벌이 칠십칠 배이리로다 하였더라. (창세기 4:17~24)

아담 이후 죄성이 배어 있는 후손들은 반복적으로 사람을 죽이고 죄를 짓는다. 그런데 라멕이 자신의 두 아내에게 "가인을 위하여는 벌이 칠 배이고 라멕을 위하여는 벌이 칠십 배"라고 말하는 것을 보면 지어서는 안 되는 죄라는 것을 알고 있었음을 알 수 있다. 족보는 단순히 자손의 이어짐만을 얘기하는 것이 아니라 죄도 함께 유전되고 있음을 말해준다.

아담이 다시 자기 아내와 동침하매 그가 아들을 낳아 그의 이름을 셋이라 하였으니 이는 하나님이 내게 가인이 죽인 아벨을 대신에 다른 씨를 주셨다함이며 셋도 아들을 낳고 그의 이름을 에노스라 하였으며 그때에 사람들이 비로소 여호와 이름을 불

렀더라.(창세기 4:25~26)

아담과 하와는 가인이 죽인 아벨 대신에 셋이라는 새로운 아들을 얻었다. 아담과 하와는 이 아들을 셋(Seth, '정해진' 혹은 '놓여진'이라는 의미)이라고 불렀다. 하나님께서 예비해주신 새로운 희망을 보았던 것이다. 그 이후에 그의 후손을 통해서 인류가 세상 끝날까지 존속할 것이며 그에게서 메시아가 태어날 것을 기대했을 것이다.

이리저리 떠돌며 배회하는 삶을 살았던 가인과는 달리 셋은 정해진 곳에서 정착하여 살았다. 무엇보다 중요한 것은 이때부터 비로소 '여호와'라는 이름을 불렀다는 점이다. 믿음의 계보가 새로이 시작됨을 의미한다.

구약의 족보 이야기는 아담의 계보로 시작하고 있다. 하나님이 태초에 사람을 창조하실 때 하나님이 형상을 닮도록 창조하셨다.(창세기1:27) 그러나 에덴동산으로부터 추방당한 이후로는 아담의 형상을 닮게 창조되었다(창세기 5:3)는 사실을 알 수 있다.

이것은 아담의 계보를 적은 책이니라 하나님이 사람을 창조하실 때에 하나님의 모양대로 지으시되 남자와 여자를 창조하셨고 그들이 창조되던 날에 하나님이 그들에게 복을 주시고 그들의 이름을 사람이라 일컬으셨더라. 아담은 백삼십 세에 자기의 모양 곧 자기의 형상과 같은 아들을 낳아 이름을 셋이라 하였고 아담은 셋을 낳은 후 팔백년을 지내며 자녀들을 낳았으며 그는 구백삼십 세를 살고 죽었더라. 셋은 백 오세에 에노스를 낳았고 에노스를 낳은 후 팔백칠 년을 지내며 자녀들을 낳았으며 그는 구백십이 세를 살고 죽었더라. 에노스는 구십 세에 게난을 낳았고 게난을 낳은 후 팔백십오 년을 지내며 자녀를 낳았으며 그는 구백오 세를 살고 죽었더라. 게난은 칠십 세에 마할랄렐을 낳았고 마할랄렐을 낳은 후 팔백사십 년을 지내며 자녀를 낳았으며 그는 구백십 세를 살고 죽었더라. 마할랄렐은 육십오 세에 야렛을 낳았고 야렛을 낳은 후 팔백삼십 년을 지내며 자녀를 낳았으며 그는 팔백구십오 세를 살고 죽었더라. 야렛은 백육십이 세에 에녹을 낳았고 에녹을 낳은 후 팔백년을 지내며 자녀들을 낳았으며 그는 구백육십이 세를 살고 죽었더라. 에녹은 육십오 세에 므드셀라를 낳았고 므드셀라를 낳은 후 삼백년을 하나님 과 동행한 자녀를 낳았으며 그는 삼백육십오 세를 살았더라. 에 녹이 하나님과 동행하더니 하나님이 그를 데려가시므로 세상에 있지 아니하였더라. 므드셀라는 백팔십칠 세에 라멕을 낳았고 라멕을 낳은 후 칠백팔십이 년을 지내며 자녀를 낳았으며 구백 육십구 세를 살고 죽었더라. 라멕은 백팔십이 세에 아들을 낳고 이름을 노아라 하여 이르되 여호와께서 땅을 저주하시므로 수 고롭게 일하는 우리를 이 아들이 안위하리라 하였더라. 라멕은 노아를 낳은 후 오백구십오 년을 지내며 자녀들을 낳았으며 그 는 칠백칠십 세를 살고 죽었더라. 노아는 오백 세 된 후에 셈과 함과 야벳을 낳았더라. (창세기 5:1~32)

여기서 주목할 것은 '낳았다'와 '죽었더라'라는 단어다. 죄로 인하여 사람의 생명이 유한함을 말해주고 있다. 에녹을 제외하고 성서는 모두 죽었다고 전하고 있다. 물론 그들은 지금과 비교하면 매우 오래 살았다. 그 연수는 다르지만 누구나 끝을 맞이한다는 사실에는 변함이 없다는 뜻이다.

또 특이한 점은 계보의 끄트머리에 노아라는 인물이 등장한다. 잘 알다시피 노아는 홍수심판 때 살아남은 유일한 가족 가운데 한 사람이다. 아담의 계보 끄트머리에 노아가 등장한 것은 의미심장하다. 그 씨앗을 남겨 둠으로써 또 하나의 새로운 시작을 의미하고 있다. 그 시험에서 노아가 선택된 것은 그의 믿음이었다.

신약 마태복음의 시작 역시 족보 이야기로 시작된다. 그런데 구약과는 달리 아담의 계보가 아니라 다윗의 자손 예수의 계보로 시작하고 있다. 그리고 처음 등장한 인물이 아브라함이다. 성서에서는 아브라함을 믿음의 조상이라고 한다. 하나님은 기존의 방법으로는 죄의 근성으로 똘똘 뭉쳐진 사람들을 구원할 방법이 없다고 생각하시지 않았을까.

노아의 아들 가운데 둘째인 함이라는 자가 만취로 인해 벌거벗고 누워 있는 아버지의 허물을 덮어주기는커녕 그 일을 희화(戲畫)화 함으로써 저주를 받은 사건(창세기 9:25~26)을 보면 홍수심판도 그에게 믿음을 주지 못했던 셈이다.

아브라함과 다윗의 자손 예수그리스도의 계보라. 아브라함이 이삭을 낳고 이삭은 야곱을 낳고 야곱은 유다와 그의 형제들을 낳고 유다는 다말에게서 베레스와 세라를 나하고 베레스는 헤스론을 낳고 헤스론은 람을 낳고 람은 아미나답을 낳고 아미나답은 나손을 낳고 나손은 살몬을 낳고 살몬은 라합에게서 보아스를 낳고 보아스는 룻에게서 오벳을 낳고 오벳은 이새를 낳고 이새는 다윗왕을 낳으니라. 다윗은 우리야의 아내에게서 솔로몬을 낳고 솔로몬은 르호보암을 낳고 로호보암은 아비야를 낳

고 아비야는 아사를 낳고 아사는 여호사밧을 낳고 여호사밧은
요람을 낳고 요람은 웃시야를 낳고 웃시야는 요담을 낳고 요담
은 아하스를 낳고 아하스는 히스기야를 낳고 히스기야는 므낫
세를 낳고 므낫세는 아몬을 낳고 아몬은 요시야를 낳고 바벨론
으로 사로잡혀갈 때에 요시야는 여고냐와 그 형제들을 낳으니
라. 바벨론으로 사로잡혀간 후에 여고냐는 스알디엘을 낳고 스
알디엘은 스룹바벨을 낳고 스룹바벨은 아비훗을 낳고 아비훗
은 엘리아김을 낳고 엘리아김은 아소르를 낳고 아소르는 사독
을 낳고 사독은 아킴을 낳고 아킴은 엘리웃을 낳고 엘리웃은 엘
르아살을 낳고 엘르아살은 맛단을 낳고 맛단은 야곱을 낳고 야
곱은 마리아의 요셉을 낳았으니 마리아에게서 그리스도라 칭하
는 예수가 나시니라. 그런즉 모든 대 수가 아브라함부터 다윗
까지 엘네대요 바벨론으로부터 사로잡혀갈 때까지 열네대요 바
벨론으로부터 사로잡혀간 후로부터 열네대더라. 예수 그리스도
의 나심은 이러하니라 그의 어머니 마리아가 요셉과 약혼하고
동거하기전에 성령으로 잉태된 것이 나타났더니 그의 남편 요
셉은 의로운 사람이라 그를 드러내지 아니하고 가만히 끊고자
하여 이일을 생각할 때에 주의 사자가 현몽하여 이르되 다윗의
자손 요셉아 네 아내 마리아 데려오기를 무서워하지 말라. 그
에게 잉태된 자는 성령으로 된 것이라. 아들을 낳으리니 이름
을 예수라 하라. 이는 그가 자기백성을 그들의 죄에서 구원할
자이심이라 하니라. 보라 처녀가 잉태하여 아들을 낳을 것이요
그의 이름을 임마누엘이라 하리라 하셨으니 이를 번역한즉 하
나님이 우리와 함께 계시다 함이라. 요셉이 잠에서 깨어 일어
나 주의 사자의 분부대로 행하여 그의 아내를 데려왔으나 아들

을 낳기까지 동침하지 아니하더니 낳으며 이름을 예수라 하니라.(마태복음 1:1~25)

아브라함(Abraham)이란 이름의 뜻은 '열국의 아비'(창세기 17:5)이다. 아브라함은 인간적으로 보면 결코 완전한 자라고 할 수 없었다. 그는 일부일처제를 지키지 않았을 뿐 아니라 그로 인해 가정불화를 초래하기도 했다.(창세기 16:1~6) 똑같은 거짓말을 두 번이나 반복함으로써 다른 사람을 궁지에 몰기도 했다.(창세기 12:10~20, 20:1~8) 그럼에도 불구하고 그를 '믿음의 조상'이라고 부른 이유는 하나님이 택한 사람이라는 점이다.

그는 실제 하나님의 부름에 즉각 순종하는 믿음을 보여주었다. 사실 그는 우상숭배의 집안에서 태어났다.(여호수아 24:2) 하지만 그는 너희 본토 친척 아비 집을 떠나라는 명령에 즉각적으로 순종하여 장래 기업으로 받을 땅에 나아갈 때 갈 바를 알지 못하고 나아갔었다.(히브리서 11:8)

그런 그에게 하나님께서는 친히 나타나셔서 점차적으로 자신의 계획을 명확하게 계시하여 주셨다.(창세기 12:7. 17:1~8, 18:1~33) 그리고 이러한 계시를 아브라함이 믿고 순종함으로 그를 의로운 사람으로 여기셨다.(창세기 15:6) 그 이후로 아브라함은 '하나님이 사랑하신 자', '벗'(역대하 20:7, 이사야 41:8, 야고보서 2:23)으로 칭함을 받았으며, 하나님께서는 '아브라함의 하나님'(출애굽기 3:15, 마태복음 22:32)으로 일컬음을 받으며 서로 인격적인 관계로 발전되었다.

이처럼 아브라함이 믿음의 조상으로 불림을 받을 수 있었던 이유 가운데 하나는 하나님에 대한 경외심이었다. 그의 하나님에 대한 사랑과 경외심은 어렵사리 얻는 자신의 독자 이삭을 제물로 바칠 정도로 순전한 믿음 때문이었다.(창세기 22:1~18) 아브라함은 그 분이 천재의 주재이시며 지극히 높으신 여호와(창세기 14:22)라고 굳게 믿고 경외하였다.

뿐만 아니라 어디를 가든지 먼저 하나님께 제단을 쌓고 제물을 드릴 때마다 찬양과 기도 올리는 것을 잊지 않았다.(창세기 12:8, 13:4) 게다가 아브라함과 하나님의 관계에 있어서 빼놓을 수 없는 것이 기도였다. 그밖에도 아브라함은 너그럽고 사랑이 많은 자였다. 거주지를 분할함에 있어서 조카 롯에게 양보하는 도량을 보였고 죄악이 관영함으로 멸망을 앞두고 있는 소돔 성을 위하여 기도드리는 것을 잊지 않았다. 이런 그의 성품과 믿음, 순종, 그리고 무엇보다도 하나님의 선택과 은혜가 믿음의 조상으로 불리게 된 것이다.

성서의 족보 이야기에서 우리가 느낄 수 있는 것은 셋, 에녹, 노아, 아브라함 등을 낳게 하셔서 믿음의 중요성을 말하고 있다는 점이다. 이 예표는 다윗의 자손 예수 그리스도를 통해 거대한 시나리오가 완성된다.

하나님은 끊임없이 사람들에게 기회를 주었지만 그들은 하나님의 말씀에 귀 기울이지 않았다. 그래서 유한한 생명으로 죄의 대가를 치를 수밖에 없는 처지에 놓인 우리를 이제는 율법도 아닌 오직 예수 그리스도를 믿는 믿음으로 당신의 자녀가 될 수 있는 길을 열어주신 것이다. 그래서 예수님은 길이요 진리요 생명인 것이다.(요한복음 14:6)

그가 찔림은 우리의 허물 때문이요 그가 상함은 우리의 죄악 때문이라 그가 징계를 받음으로 우리는 평화를 누리고 그가 채찍

에 맞으므로 우리는 나음을 받았도다. 우리는 다 양 같아서 그
릇 행하여 각기 제 갈 길로 갔거늘 여호와께서는 우리 모두의 죄
악을 그에게 담당시키셨도다.(이사야 53:5~6)

우리는 믿음 위에 바로 서야 한다. 그리고 하나님 아버지라고
소리쳐 불러야 한다. 그러기 위해서 내 안의 허영과 위선, 불순종
으로 얼룩진 가면이나 외투를 벗어던져야 한다.

오직 믿음으로 순종으로 그 분 앞에 나가야 한다. 예수님은 우
리에게 또 만나자고 약속하셨다. 그래서 그 약속을 기억하면서
등불을 들고 신랑을 맞으러 나간 슬기로운 다섯 처녀처럼(마태복음
25:1~2) 기다려야 한다.

마치 엄동설한의 겨울나무처럼. 새봄의 따스한 햇살과 상큼한
봄바람을 상상하면서 시린 겨울을 참아내야 한다.

〈겨울나무〉

봄, 여름 그리고 가을
하늘을 향해 그토록 기세당당하던
겨울 앞에 선 나무

어느덧 나목(裸木)이 되어
떨어져 나간 이파리쯤엔 연연하지 않는다는 듯
애써 초연해하는 모습이 오히려 가슴 저리게 합니다.

꿈의 초록에서
무성한 진녹색을 거쳐
눈 둘 곳 없을 만큼의 찬란한 단풍잔치에 이르기까지

한 해의 행사를 무사히 수행했음을 안도해 하는 것처럼
다소 허탈해 하는 듯한 의젓함이
왠지 애처롭기까지 합니다.

자연의 섭리 앞에
거슬러야 할 아무런 이유나 변명거리를
찾지 못했음을 시인이라도 하듯

계절마다 새겨진 추억의 무게를 버거워하며
지면(地面)으로
수많은 잎들을 털어 내야 했던
겨울 앞에 선 나무

이젠
지난 모든 아쉬움
미련 따위는
겨울을 각인시키며 스쳐 가는 북서풍에 실어 보내고
쪽 구름 사이로 살포시 내리쬐는 여린 햇살을 향해
손을 내밀고 있는 듯합니다.

겨울을 포용하기 위함인지
성급하게 새 봄을 부르는 몸짓인지
그저 알 수 없는 표정으로
마치 무슨 항변이라도 하듯
앙상한 가지들은 창공을 향해 솟구쳐 있습니다.

이내 닥칠 눈 시린 기나긴 밤들을

잘 견디고 견뎌내고서
새로운 계절의 따스한 햇살 앞에 당당하고 우아한 날개짓 하길
간절한 마음으로 그 날을 기다릴 터.

진리의 관점

진정한 자유는
책장 속에서도
예배당 안에서도 찾을 수 없었네.
많은 세월 동안 참 자유를 누리지 못했네.
바보처럼.

우리가 하나님의 진리에 쉽사리 수긍하지 못하고 전적으로 믿지 못하는 이유는 여전히 자신의 관점에서 벗어나지 못하고 있다는 증거이다. "세상에 선한 분은 오직 하나님 한 분뿐이시다."라는 성서말씀을 믿는가? 그렇다면 나와 모든 세상 사람들은 기본적으로 선하지 않다는 얘기이다. 기본적으로 자기중심적이라는 사실을 인정해야 한다.

　　예를 들어보자. 하나님은 세상 만물을 위해 이른 비 늦은 비를 내리신다. 하지만 우리는 어떤가? 해가 뜨면 날씨가 좋다고 하고, 비가 오면 날씨가 좋지 않다고 자기기준에서 판단해 버린다. 왜? 운전하기 불편하고, 골프장에 갈 수 없으며 외출하는데 여간 불편한 일이 아니기 때문이다.

　　하지만 나 아닌 다른 사람도 세상에 존재한다는 사실을 알아야 한다. 수많은 동식물도 존재한다는 것을 인지해야 한다. 게다가 농부들은 제때 비가 와줘야 농사를 지을 수 있다. 우산장사도 비가 와야 먹고 살 수 있다. 저수지에 물이 채워지지 않으면 식수를 공급하는데 어려움을 겪을 것이다. 우리의 판단이 옳은지. 하나님의 판단이 옳은지 조금만 생각해보면 알 수 있다.

　　진리는 나의 관점에서 옳고 그름을 판단하는 것이 아니다. 순전히 하나님 관점에서 옳은 것이어야 한다. 하나님은 전지전능

하신 분이시고 절대 선한 분이시므로 그 분이 하시는 일은 항상 옳다는 것이 전제되어야 한다.

그리고 올바른 신앙이란 그것을 전적으로 신뢰하는 것이다. 요즘 너무 멋있거나 혹은 맛있는 것을 대하게 되었을 때, "이것은 진리다."라는 표현을 쓰곤 한다. 이 말은 그만큼 최고라고 칭찬하고 싶은 심정을 드러내는 것이라고 생각한다.

하지만 진리는 그렇게 우리의 감정에 따라 자의적으로 해석되고 표현해도 될 만큼 가벼운 것은 아니다. 어떤 상황에서도 제멋대로 좌우로 치우치지 않는 저울이자 한 치의 오차도 없는 올바른 잣대이다. 그런 분은 세상에 단 한 분뿐이다. 그 분이 말씀하시는 것은 그래서 진리이다.

예수께서 이르시되 내가 곧 길이요 진리요 생명이이니 나를 말미암지 않고는 아버지에게 올 자가 없느니라.(요한복음 14:6)

진리를 알지니 진리가 너희를 자유하게 하리라.(요한복음 8:32)

우리가 나의 지식이나 판단에 의존하여 행동하는 것은 참으로 위험천만한 일이다. 어떤 경우에도 하나님의 말씀을 의지해야 하는 이유다. 우리 생각은 말로 표현할 수 없을 정도로 오류투성이다. 운전할 때 앞 차의 속도가 너무 느리다고 짜증을 내는 경우가 더러 있다. 나중에 알고 보면 그 운전자는 노약자이거나 초보운전자인 경우가 많다. 이 정도도 이해하지 못한다면 과연 더불어 사는 사회인으로서 자격이 있는 것인가 생각할 때가 종종 있다.

하루일과만 따져 봐도 실수와 문제투성이로 얼룩지기 십상인데 한 생애를 놓고 보면 얼마나 많은 부분에서 잘못 생각하고 그

룻된 판단을 하게 될지 생각만 해도 끔찍할 정도이다.

하나님은 삶과 죽음, 천국과 지옥, 선과 악을 말씀하신다. 일상의 삶을 하나님의 말씀에 귀 기울이지 않고도 그럭저럭 살아진다고 해서 하나님의 진리의 말씀을 경홀히 여겨서는 안 될 것이다.

우리의 삶이 지금 당장 판단 받지 않는 것처럼 느껴진다고 해도 한 치의 오차도 없으신 하나님이 보고 계시고 기억하신다는 점을 간과해서는 안 될 것이다.

> 그러므로 모든 육체는 풀과 같고 그 모든 영광은 풀의 꽃과 같으니 풀은 마르고 꽃은 떨어지되 오직 주의 말씀은 세세토록 있도다 하였으니 너희에게 전한 복음이 곧 이 말씀이니라.(베드로전서 1:24~25)

사람의 행위대로 심판하시는 하나님이시다.

> 보가 내가 속히 오리니 내가 줄 상이 내게 있어 각 사람에게 그가 행한 대로 갚아 주리라.(요한계시록 22:12)

그래서 자나 깨나 우리가 구하고 찾는 것은 다름 아닌 하나님의 관점에서 진리이어야 한다.

〈자유〉

할 일이 있는데 아무것도 하지 않는다는 것
자신이 하고 싶은 것을 찾아 무엇이나 마음대로 할 수 있다는 것
그것이 자유일까?

마땅히 가야할 길을 가지 않고
가지 말아야 할 길을 거침없이 내달리는 것
그것이 자유일까?

천장을 닿을 만큼 쌓인 책들은
그저 장식이 된지 오래되었네.

자연은 탐욕에 눈먼 자들의 놀이터가 되어버렸고
시인들은 의미 없는 것들만을 노래하네.

태양은 동쪽에서 찬란하게 떠올랐다가
서쪽 산 너머로 유유히 넘어가지
그럴싸한 문학 없이도

강물은 한 없이 낮은 곳으로 흘러가지
바다는 그 강물을 말없이 다 받아주지
그러니 서둘러야 할 이유가 없지

산들바람은 산천초목을 건드리며
신비한 울림을 만들어내지
아무런 악보도 없이

대지는 비, 바람, 햇빛을 거침없이 받아두었다가
식물이 필요할 때 알맞은 온도와 습도를 선물하지
아무런 생색도 없이

위대한 시인은
자연에서 심금을 울리는 단어들을 찾아내지

어떤 도구도 사용하지 않고

그러고 보니
자유는 아무 곳에나 널려 있네.
누군가 헤프게 뿌려놓았나 보다.

그러나
진정한 자유는
책장 속에서도
예배당 안에서도 찾을 수 없었네.
많은 세월 동안 참 자유를 누리지 못했네.
바보처럼.

허나
진정한 자유는
십자가 위에 걸려 있었네.

불안과 불신의 시대,

그리고

불확실한 미래

잠깐 유혹하고 사라지는
도시의 불빛에 취해 방황하던 사람들이
저 달빛을 잠시만 음미했었더라면 어땠을까?

불안하다는 것은 무엇을 말하는가? 불안한 감정을 갖고 있다는 것은 지난 과거를 두려워하는 것이 아니다. 다가올 불확실한 미래가 자신에게 어떻게 영향을 미칠지 미리 걱정하는 것이다. 그것을 좀더 구체적으로 생각해보면 거기에는 세상과 자신에 대한 불신이 깔려 있는 것이다. 지금 걱정하고 있는 사안이 스스로 얼마든지 감당하거나 해결할 수 있다고 생각한다면 굳이 불안해할 필요까지는 없을 것이다.

또 그것을 능히 해결해줄만한 의지의 대상이 있다거나 주변에 누군가 자기편이 되어줄만한 사람들이 있다고 생각하면 그렇게 불안해하지 않을 것이다. 그러나 지금까지의 경험이나 정보 등을 종합해볼 때 그런 판단을 내릴 수밖에 없다고 생각한 것이다.

그렇다. 세상을 보면 이런 현상이 그저 소수에게만 해당되는 일이 아니라는 점이 더 큰 문제다. 사실, 과학기술이 눈부시게 발전하고 있고 경제적으로도 유례없이 풍요를 누리고 있다. 그럼에도 사람들의 불평불만은 하늘을 찌르고 있다. 이런 현상을 어떻게 바라봐야 할까?

여기에는 다양한 이유가 있겠지만 무엇보다 서로가 서로에게 유익이 되고 있지 못하고 있다는 점을 간과할 수 없을 것 같다. 개인주의, 이기주의, 사회적 불신, 경제적 탐욕, 빈부격차, 세대

갈등, 분파주의, 자유주의, 다원주의 등 이루 헤아릴 수 없는 많은 이유를 거론할 수 있을 것이다.

여기에 하루가 멀다고 쏟아지는 각종 정보와 신(神)의 반열에까지 오른 미신(迷信) 등이 혼재되어 진리나 진실을 분별하는 것이 점점 더 어려워지고 있고 우리 머리를 더욱 복잡하게 하고 있다는 것도 빼놓을 수 없다. 이런 현상들이 사회 공동의 선(善)을 추구하는 데 있어서 적잖은 걸림돌이 되고 있다.

게다가 삶의 의미를 찾기 위해 선한 가치관 등을 논하는 것이 마치 진부한 옛날이야기처럼 받아들이거나 현실과는 동떨어진 교과서 같은 얘기로 치부해버리는 경향이 있다. 그래서 삶에 대한 이야기가 마치 게임처럼 아주 가벼운 소재로 전락하고 말았다. 그저 수단과 방법을 가리지 않고 경쟁에서 이기는 것만이 성공한 삶으로 착각하게 만들어버린 것이다. 모 아니면 도라는 극단적 사고, 과정이야 어찌되었건 목적만 달성하면 된다는 의식이 보편화되어버리고 있다.

나라가 부강해지면 제일 먼저 하는 일이 군사력을 증강하는 일이다. 전쟁에 대처하는 일에 천문학적인 돈을 쏟아 붓는다. 그들은 전쟁으로 인한 끔찍한 역사를 잊어버리기라도 한 것일까? 과연 자신들의 군사력으로 상대방을 압도할 수 있다고 생각하는 것일까? 지금은 그런 시대는 아닌 것 같다. 어느 쪽도 안전하지 못하고 서로의 파국을 초래할 뿐이다. 역사 속에서 교훈을 얻지 못하면 비극의 역사는 반복될 것이라는 말은 우리는 수없이 들어왔지 않는가.

또 개인은 인성이나 덕을 쌓는 일은 소홀히 하고 오로지 스펙(specification)을 쌓는 일에 몰두한다. 사실 스펙이란 용어는 물건의 사양(仕樣)을 지칭하는 말로 사람의 이력에 갖다 사용할 만한 용어는 아니다. 인간의 품격을 떨어뜨리는 일을 우리 스스로 사용하면서 전혀 개의치 않는 것이 더욱 놀라울 따름이다.

이런 불신의 시대, 불안의 시대를 막을 방법은 전혀 없는 것일까? 성서에는 항상 기도하고 낙심하지 말아야 할 것을 말씀하고 있다.

> 예수께서 그들에게 항상 기도하고 낙심하지 말아야 할 것을 비유로 말씀하여 이르시되 어떤 도시에 하나님을 두려워하지 않고 사람을 무시하는 한 재판장이 있는데 그 도시에 한 과부가 있어 자주 그에게 가서 내 원수에 대한 나의 원한을 풀어주소서 하되 그가 얼마 동안 듣지 아니하다가 후에 속으로 생각하되 내가 하나님을 두려워하지 않고 사람을 무시하나 이 과부가 나를 번거롭게 하니 내가 그 원한을 풀어 주리라. 그렇지 않으면 늘 와서 나를 괴롭게 하리라 하였느니라. 주께서 또 이르시되 불의한 재판장이 말한 것을 들으라. 하물며 하나님께서 밤낮 부르짖는 택하신 자들의 원한을 풀어주지 아니하겠느냐 그들에게 오래 참으시겠느냐. 내가 너희에게 이르노니 속히 그 원한을 풀어 주시리라 그러나 인자가 올 때에 세상에서 믿음을 보겠느냐 하시니라.(누가복음 18:1~8)

예수께서는 불의를 접할 때 낙심하지 말고 밤낮 기도해야 한다고 우리에게 권유하신다. 재판장도 들어주는데 하물며 하나님께서 들어주시지 않겠느냐는 말씀이다. 그런데 위의 8절 말씀은 우리를 의아하게 만든다. 예수께서 이 땅에 오실 때 세상에서 믿음을 보겠냐고 말씀하신 것이다. 믿음을 보시지 않으면 무엇을 보시겠다는 것일까? 여기서의 말씀은 믿음이 중요하지 않다는 얘기가 아니라 믿음을 바탕으로 인내와 기다림, 낙심하지 않고 기도하는 일 등이 요구되고 있음을 말하며 앞의 비유가 주는 교훈이라고 할 수 있을 것이다.

요컨대 믿음대로 행하는 선한 사람을 찾기가 쉽지 않음을 얘기하는 측면도 있다. 경건의 모양과 형태를 가진 자는 많겠으나 신실하고 정직한 자, 곧 제대로 믿음대로 행하는 자는 거의 보지 못할 것이라는 말씀이다.

얼마나 많은 교회와 성도들이 있는데 예수님을 온전한 믿음으로 예비한 사람이 없다는 사실은 우리를 슬프게 한다. 노아의 방주를 떠올리게 한다. 슬기롭고 지혜 있는 신부들을 떠올리게 한다. 또 예수님 당시 예수님을 외면했던 제자들을 떠올리게 한다. 그리고 나의 무지와 불신을 되돌아보게 된다.

요한의 예언은 이 말씀의 의미를 더욱 깊이 깨닫게 해준다.

누구든지 귀 있는 자는 들을지어다. 사로잡힐 자는 사로잡혀 갈 것이요 칼에 죽는 자는 마땅히 칼에 죽을 것이니 성도들의 인내와 믿음이 여기에 있느니라.(요한계시록 13:9~10)

"풍요 속에서는 친구들이 나를 알 게 되고, 역경 속에서는 내가 친구들을 알게 된다."는 말이 있다. 내가 부자가 되고 성공하면 자연히 친구들이 찾을 것이다. 하지만 내가 실패하거나 어려운 처지에 놓이면 그때는 친구들이 부담스럽게 생각할 것이다. 그때 찾아주는 친구가 진짜 친구인 것이다.

지금 필요한 것은 불신을 극복하는 것이다. 바람직한 성도는 불신사회에서 빛과 소금이 되는 것이다. 개인이나 사회에 희망이 없어 보일 때도 한결같이 주님이 동행하신다는 것을 믿는 것이다.

예수님이 이 땅에 오실 때 내 믿음을 보는 것이 아니라 주님의 자녀답게 사랑으로 세상에 다가가며 세상의 등불이 되었는지를 보실 것이다. 그렇게 될 때 비록 작은 믿음이라도 예수님은 그것을 보시지 않고 이렇다 저렇다 말씀하시지 않을 것이다.

지금은 믿음이 중요해 보여서 믿음을 소유하고만 있으면 되는 것으로 착각하기 쉽다. 막상 예수님이 이 땅에 오실 때 무엇을 보실 것인가? 성서에는 믿음의 분량대로 행한 공적을 보신다고 했다.

만일 누구든지 금이나 은이나 보석이나 나무나 풀이나 짚으로 이 터 위에 세우면 각 사람이 공적이 나타날 터인데 그 날이 공적을 밝히리니 누구든지 그 위에 세운 공적이 그대로 있으면 상을 받고 누구든지 그 공적이 불타면 해를 받으리니 그러나 자신은 구원을 받되 불 가운데서 받은 것 같으니라.(고린도전서 3:13~14)

만물의 마지막이 가까워왔으니 그러므로 너희는 정신을 차리고 근신하여 기도하라. 무엇보다도 뜨겁게 서로 사랑할지니 사랑은 허다한 죄를 덮느니라.(베드로전서 4:7~8)

우리는 눈에 보이는 환경이나 사회 불신현상을 마주하면서 믿음이 흔들려서는 안 되겠다. 하지만 더욱 중요한 것은 믿음의 사람들답게 낙심하거나 절망하지 말고 서로 격려하며 사랑하며 주님의 자녀로서 부끄럽지 않은 삶을 살아야 할 것이다.

〈홀로 달빛에 취하다〉

도시는 온통 찬란한 불빛으로 휘청거리고 있다.

그 밝은 조명 빛은
오히려 시야를 좁히고
눈을 멀게 하며
더 이상 먼 곳을 볼 수 없게 만들어버린다.

요염한 도시의 밤빛들은
사람들을 들뜨게 하고 취하게 하며
마침내 신경을 마비시켜버린다.

사람들은
자신이 얼마나 고상한 존재인지 잊은 채
그저 동물적 본능에 충실해진다.

소란스런 도시를 벗어나
홀연히 달빛을 올려다본다.

아, 영롱한 빛이여
아, 순수한 생명이여
마비된 신경이 서서히 풀어지는 것을 느낀다.

만약
밤도둑이 남의 집 담을 넘기 전에
저 달빛을 잠시만 관조했더라면 어땠을까?

야심한 밤에 전쟁을 일으키고

살육을 일삼았던 장군들이
저 달빛에 매료되었더라면 어땠을까?

잠깐 유혹하고 사라지는
도시의 불빛에 취해 방황하던 사람들이
저 달빛을 잠시만 음미했었더라면 어땠을까?

만약, 단 한번만이라도
달빛으로부터 생명의 에너지를 느낄 수 있었더라면
역사는 달라지지 않았을까.

그런데 정작
역사는 달빛에 관심이 없다.

저 따뜻한 달빛에 진리가 담겨 있음을
저 은은한 달빛에 자유가 넘실대는 것을
대수롭지 않다는 듯
그저 무심히 흘려보내고 만다.

왜 사랑일까?

사랑하는 마음은
그 사람의 아픔과 어둠까지도
보듬어주는 넉넉함을 간직했을 때만 가능하다.

세상에서 가장 중요한 것은 사랑이다. 이것은 바울이 전한 사랑에 대한 견해이다.

그런즉 믿음, 소망, 사랑, 이 세 가지는 항상 있을 것인데 그 중의 제일은 사랑이라. (고린도전서 13:13)

바울은 사랑에 대해 소상한 설명과 그 가치에 대해서 조목조목 풀어서 얘기해준다. 이 은사가 없으면 아무리 훌륭한 은사일지라도 아무런 가치를 발휘하지 못한다는 뜻이다. 모든 은사에 빛을 발하게 하는 에너지가 바로 사랑이라는 것이다.

첫째, 방언의 경우 하나님께서 기뻐 받으시는 것은 마음에서 우러나오는 것이어야지 아무 말이나 다 소용되는 것은 아니라는 점이다. 둘째, 예언과 모든 비밀과 지식, 이것도 사랑이 없으면 무용지물이 된다는 사실이다. 모든 것은 사랑이라는 주머니에서 나오는 것들이어야 가치가 발휘된다는 것이다. 셋째, 산을 옮길 만한 이적이나 믿음보다도 조그마한 사랑의 가치가 더 크다는 것이다. 사랑이야말로 하나님과 사람을 동시에 웃게 만들 수 있다는 점이다. 넷째, 우리의 모든 신앙생활이나 구제활동에 사랑이 없다면 아무런 유익이 없다는 것이다. 다섯째, 우리가 복음을 위하여 자기 자신을 희생한다 해도 사랑이 없으면 그다지 유익이 되지 않는다는 것이다. 하나님은 그렇게 독선적인 분이 아니라는 점을 말해준다.

사랑이야말로 하나님의 본질이고 그리스도를 상징하는 정신이고 바울이 전하는 말씀의 핵심이다. 바울은 은사로 인해 서로 말다툼하는 고린도교회에게 사랑의 진정한 가치를 역설하면서 그들의 행위가 얼마나 미숙한 것인지를 지적하고 있는 것이다. 심지어 복음을 위하여 몸을 불사르는 일을 할지라도 사랑이 없으면 유익하지 않을 수 있음을 말한다. 이것은 사랑함에 있어서 얼마나 마음의 동기가 중요한 지를 강조하고자 한 것이다.

하나님께서 교회에 허락하신 은사(선물)들은 사용연한이 있는 것이다. 예수께서 이 땅에 다시 오실 때 그런 은사들은 더 이상 필요 없게 된다. 그때는 하나님의 특별한 계시가 의미 없기 때문이다.

이것을 바울은 "우리가 지금은 거울로 보는 것과 같이 희미하나 그때에는 얼굴과 얼굴을 대하여 볼 것이요, 이제는 내가 부분적으로 아나 그때는 주께서 나를 아신 것같이 내가 온전히 알리라."(고린도전서 13:12)고 했다.

모든 은사들이 제한적이라면 사랑은 예수님의 오신 목적이요 은사가 폐하여 지더라도 하나님 나라의 본질이므로 영원히 존재하는 것이다. 예수님이 다시 오시면 모든 악한 것들은 배제될 것이고 오직 사랑만이 가득 찬 나라가 될 것이다.

따라서 바울은 믿음, 소망, 사랑은 지금이나 내일이나 사람들에게 항상 있어야 할 것이라 했고 그 중에 사랑은 모든 것에 앞서 추구해야할 최고의 선(善)이요 가치라고 설파한 것이다.

우리가 사랑을 실천하고 사랑 안에서 살아야 하는 이유는 하나님께서 우리에게 주신 최고의 선물이 사랑이고 이를 통해 믿음의 증인이 되기를 바라시기 때문이다. 사랑은 세상의 빛과 소금 역할을 하는 최고의 수단이 될 수 있기 때문이다.

〈그것이 사랑일까?〉

누구나
사람을 배려하는 따스한 마음이
사랑이라는 것을 어렴풋이 안다.

자연 앞에서
알 수 없는 희한한 감동이
가슴 깊은 곳에서 벅차오를 때
내 안에 사랑이 동요하고 있음을 감지한다.

아름다운 예술작품을 감상할 때
작가가 무엇인가를 미친 듯이 사랑하지 않았다면
저런 작품이 나올 수 없었을 거라는 생각을 해보게 된다.

청량한 바람이나 고운 햇살이 내 볼에 와 닿을 때
누군가로부터 사랑받고 있다는 느낌을 받는다.

그것이 사랑일까?

사랑한다는 말은 언제 들어도 좋다.
하지만 사랑한다는 말은
그 순간 가슴이 벅차오르는 감정만으로 할 수 있지만

사랑하는 마음은

그 사람의 아픔과 어둠까지도
보듬어주는 넉넉함을 간직했을 때만 가능하다.

눈에 보이는 것들

저 너머를

상상하라

새색시처럼 조신하게 다가오는 파도는
수줍은 듯 하얀 이를 살짝 드러내며
소심한 웃음소리를 연거푸 토해낸다.

하나님께서는 믿음으로 사는 우리 안에 계신다고 말씀하셨다.

너희가 하나님의 성전인 것과 하나님의 성령이 너희 안에 거하시는 것을 알지 못하느뇨.(고전 3:16)

그렇다면 그 분은 우리 안의 어디에 계실까? 위 안에? 내장 안에? 심장 안에? 아니면 폐부 안에 계실까? 어떤 모습으로 계실까? 쭈그려 앉아서? 양반자세로? 기도하는 자세로?

우리는 이 같이 물리적인 상상을 할 수도 있겠으나 사실은 그럴 수 없다는 것을 우리 스스로 너무 잘 알고 있다. 그것은 마치 니고데모가 예수님께 거듭남에 대한 질문을 하면서 "다 자란 사람이 어떻게 다시 태어날 수 있겠습니까? 다시 어머니 뱃속에 들어갔다가 나올 수야 없지 않습니까?"(요 3:4)라고 질문한 것과 다를 바 없다.

그 분이 우리 안에 계실 수 있고 우리가 그 분 안에 계실 수 있는 방법은 무엇일까? 분명한 것은 가시적으로 확인할 수 있는 어떤 형체로서가 아니라는 점이다. 말하자면 생각(Thinking), 영혼(Spirit), 마음(Mind), 감정(Feeling) 등 보이지 않는 그 어떤 방법일 수밖에 없을 것이다. 우리가 흔히 "뜻이 하나가 된다(以心傳心)."라는 말을 하곤 한다. 그런 경우를 생각해보면 짐작은 할 수 있을 것이다.

신앙은 세상과 나를 창조하신 그 분의 생각과 내 생각의 교분을 나누는 것이라고 할 수 있다. 그래서 그 분의 뜻에 동의하며 그 뜻에 따라 살기를 기뻐하며 끊임없이 그 분의 뜻이 무엇인지를 헤아리려고 힘써야 할 것이다. 다시 말하면 우리가 그 분 안에 있고 그 분이 우리 안에 계시다는 것은 우리가 그 분의 생각 안에 있고 그 분은 내 생각 안에 계신다는 얘기가 될 것이다.

그 분이 바라는 것은 그 분의 창조목적대로 살아가는 것이다. 그것은 그 분을 매사에 인정하며 그 분과 더불어 화평하며 우리가 진정 이웃과 더불어 행복해지는 것이라고 생각한다. 그러나 우리는 마음 내키는 대로 생각하고 행동하며 딴전을 피우고 그 분을 외면하면서 그 분의 뜻과 상관없이 살아가는 경향이 없지 않다.

아마 지금까지 자신의 경험으로 보아 혼자서도 충분히 할 수 있고 남보다 더 잘 할 수 있으며 오히려 남의 생각은 방해가 될 뿐이라고 생각할 지도 모른다. 세상은 바로 그렇게 사는 것이 바람직한 것처럼 더욱 부추기는 구조로 흘러가고 있는 것도 사실이다.

이제 잠시 가던 걸음을 멈추고 지금 가고 있는 길이 어떤 길인지 혹 막다른 길은 아닌지 곰곰이 생각해 볼일이다.

사람의 심령은 그 병을 능히 이기려니와 심령이 상하면 그것을 누가 일으키겠느냐.(잠 18:14)

마음의 즐거움은 양약이라도 심령의 근심은 뼈로 마르게 하느니라.(잠 17:22)

대개 육체에 대한 관리는 잘 하지만 영혼에 대한 관리는 소홀하기 쉽다. 영혼에 대한 관리에 관심을 기울일 필요가 있다. 육체의 뿌리는 영혼에 있다는 것을 깨닫고 무엇보다 그 분과 교제하며 매사에 그 분을 인정하며 그 분과의 교감을 통한 그 분의 지혜에 의한 관리가 이루어져야 할 것 같다.

사도 바울은 깊은 영성으로 인도하는 길을 골로새 성도들에게 가르쳐주고 있다.

그러므로 너희가 그리스도 예수를 주로 받았으니 그 안에서 행하되 그 안에 뿌리를 박으며 세움을 입어 교훈을 받은 대로 믿음에 굳게 서서 감사함을 넘치게 하라.(골로새서 2:6~7)

우리는 그 분이 하시고자 하는 말씀에 가만히 귀를 기울이고 그 뜻을 헤아릴 필요가 있다. 그런 의미에서 눈에 보이지 않는 저 너머에 무엇이 있는지를 상상해보는 것도 괜찮은 방법이다.

봄이 되면 새싹이 돋아나고 여름이 되면 온갖 곡식이 익어가고 가을이 되면 그것들을 수확한다. 숲은 단풍으로 물들어가고 우리는 그 풍경을 보면서 원더풀! 원더풀!을 외쳐댈 것이다. 그런데 눈에 보이는 것이 다가 아니라는 사실이다. 그런 풍경이 연출되기까지의 신의 섭리에 우리 생각이 미치지 못한다는 것이 문제이다.

그래서 지혜 있는 자는 눈에 보이는 것 저 너머에서 무엇인가를 발견한다. 우리에게는 그런 안목이 주어졌다. 우리가 미처 사용하고 있지 못할 뿐이다. 자연현상이나 세상사에 대해 그저 그렇게 무심히 넘겨버릴 만한 일은 하나도 없다. 말하자면 의미 없는 일은 하나도 없다는 이야기다.

식물을 키워본 사람들은 한 그루의 나무를 자라게 하고 꽃을 피우게 하고 열매를 맺도록 하기 위해 얼마나 많은 수고와 관심이 필요한지 알 것이다. 그래서 정원을 보면 그 집 주인이 어떤 성향의 사람인지를 알 수 있다.

　반려동물을 키우는 사람도 마찬가지다. 그저 먹이를 주고 배설물을 치워주는 것에 그치지 않는다. 온도를 맞추고 예방주사를 맞게 하고 목욕도 시켜주며 적당히 운동도 시켜준다. 어디가 아프지는 않는지 식욕은 괜찮은 건지 꾸준히 그들의 동태를 살피며 무엇을 원하는지 알아차려야 한다.

　그런 사람들이 초원을 달리는 야생동물이나 하늘을 나는 새들, 강이나 바다에서 자유롭게 노니는 물고기, 그리고 황홀한 밤하늘이나 장엄한 자연풍경을 보면 어찌 감동하지 않을 수 있겠는가. 정원이나 반려동물도 이렇게 손이 많이 가는데 하물며 자연과 우주는 어떻겠는가.

　요즘 등산을 하다보면 가파른 경사면이나 개울이 있는 곳에 목재 산책로 시설이 되어 있는 곳이 많다. 그럴 때면 이런 공사를 하신 분의 노고가 어떠했을지 어느 정도 짐작이 간다. 많은 사람들의 편리를 위해 누군가의 땀이 필요했다는 것이다.

　세상에 일어나는 일이나 현상에는 그럴 만한 이유가 있는 것이다. 눈으로 직접 보지 않았거나 볼 수 없다고 해서 무심하게 넘어갈 일은 그리 많지 않다. 바람이나 구름을 보며 비를 상상할 수 있듯이 우리가 살고 있는 세상이 저절로 이루어진 것이 아니라는 생각으로 누군가에게 고마워해야 할 일이라는 것을 상상해봐야 하지 않을까. 저 너머에 있는 누군가의 힘을 우리는 생각하며 찬양해야 하지 않을까.

인간의 생로병사, 희로애락을 보면서 하나님을 상상하지 못한다면 세상의 깊은 맛을 결코 경험하지 못할 것이다. 하나님을 묵상할 때 우리에게 엄청난 영향을 줄 것이고 평화로운 에너지를 느낄 것이다. 그로 인해 아무도 돌봐주지 않는 자연처럼, 우주처럼 저절로 빛날 것이다.

〈가을 밤바다〉

가을 끝자락에 찾은
서해 밤바다
여느 때와는 사뭇 다른 생경한 풍경이다.

무수히 많은 별들이 밤하늘을 수놓고 있다.
이 친구들도 낯설어 보이긴 마찬가지이다.

한 눈에 가늠하기 힘들 만큼 너른 백사장이
마치 모세의 기적처럼 신비롭게 펼쳐진다.

파도소리에 귀 기울이며
숨죽인 채 한발 한발 발걸음을 옮겨본다.

내 마음은 이미 자연의 일부가 되어가고 있다.

새색시처럼 조신하게 다가오는 파도는
수줍은 듯 하얀 이를 살짝 드러내며
소심한 웃음소리를 연거푸 토해낸다.

내 몸은 마치 무장을 해제한 병사처럼
그저 누군가의 선처를 기다릴 뿐이다.

송림 사이로 새어나오는 은은한 달빛
그 달빛에 반사되어 일렁이는 잔잔한 물비늘
양 볼에 키스하듯 스치고 지나가는 향긋한 솔바람

이런 풍경을
빠짐없이 그림으로 담아둘 수만 있다면
얼마나 좋을까.

나는 이 아름다운 풍경들 너머에 무심한 듯 존재하는
위대한 힘을 상상해본다.

달빛도 별빛도 어쩌지 못하는 어둠은
마치 포근한 캐시미론처럼
살갑게 감싸 안아준다.

시간만이 야속하게 발길을 재촉하고 있다.
나는 또 새로운 내일 색다른 풍경을 만날 것이다.
그리고 오늘보다 더 새로운 날을 살 것이다.

우리는

매순간

선과 악을 호흡하고 있다

당신이 찾는 것이 분별력이라면
웃음 이상의 비결은 없지요.
그냥 웃어넘기세요.

흔히 사람들은 겉으로 드러나지 않으면 그것이 죄나 악이라고 생각하지 않는 경향이 있다. 그런데 성서에 의하면 반드시 행동하지 않았더라도 악한 마음을 품으면 죄가 된다고 말한다. 그런데 대개 남들의 눈에 띠지 않으면 그것은 아무 일도 아닌 것처럼 생각하기 쉽다. 정말 그렇게 생각해도 될까?

그러면 누군가에게 발각되거나 CCTV에 잡히면 죄가 되고 그렇지 않으면 아무런 죄도 성립되지 않는다고 주장하는 것과 마찬가지다. 물론 법적으로는 증거를 들이대면 죄가 되고 증거를 찾지 못하면 죄로 성립되기 힘들다. 하지만 흔적이 있고 없고를 떠나 그런 사실 자체가 없어지는 것은 아니다. 남 몰래하는 선행도 마찬가지다. 선한 행동을 한 사람이 누군지 모를 수는 있지만 선행 사실 자체가 없어지는 것이 아니다.

우리는 눈에 보이는 것들로 판단하는 것에 익숙해져 있다. 하지만 우리 육체 안에는 정신, 마음, 영혼이 있다는 사실을 잊어서는 안 된다. 누군가 알기 이전에 자신의 양심이 제일 먼저 알아차린다. 건강한 신체를 유지하기 위해서는 몸이 원하는 대로 무턱대고 욕구를 충족시키는데 급급해서는 안 되는 이유다.

먹는 것도 가려서 먹고 절제하고 운동하고 쉬고 잠자는 일련의 과정을 통해 건강한 몸이 유지될 수 있다. 영혼도 마찬가지 아니겠는가. 누구나 영혼이 우리 안에 실재한다는 것을 알고 있다. 하지만 영혼에 대해 깊이 생각하는 것 자체를 꺼려하는 경향도 없지 않는 것 같다. 그래서 자신의 가치를 대부분 눈에 보이는 외모나 학력, 경력, 사회적 위상 등에서 찾으려 한다. 만약 사람의 인격이나 품격, 고상함이나 기품 등에 대해 그다지 의미부여를 하지 않는다면 이 사회는 어떻게 될까? 생각만 해도 끔찍하다.

사실 눈에 두드러지지 않지만 조용히 자신의 일을 묵묵히 수행하면서 사회를 지탱하고 있는 사람들은 대부분 자신의 고귀한 영혼을 살피는 사람들이라고 할 수 있다. 결코 자신의 존재를 과시하지 않더라도 사회적으로 남들이 다 알 만큼 명성을 떨치지는 못하더라도 사회질서를 지키고 사람들에게 예의와 친절을 베풀며 평범하게 사는 사람들이야말로 영혼을 제대로 사용하는 사람들이라고 할 수 있다.

세상 일로 너무 바쁘게 살거나 많은 것들을 성취한 사람들일수록 영혼에 눈길을 줄 겨를이 없을 뿐 아니라 그것이 우리 안에 있다는 것조차도 까맣게 잊고 살기 쉽다. 자신의 욕구를 채우기 위해 영혼을 파는 행위까지도 서슴지 않는 경우도 없지는 않는 것 같다.

성서에서도 그 같은 사례를 찾을 수 있다.

야곱이 죽을 쑤었더니 에서가 들에서 돌아와서 심히 피곤하여 야곱에게 이르되 내가 피곤하니 그 붉은 것을 내가 먹게 하라 한지라 그러므로 에서의 별명은 에돔이더라. 야곱이 이르되 형의 장자의 명분을 오늘 내게 팔라. 에서가 이르되 내가 죽게 되었으니 이 장자의 명분이 내게 무엇이 유익하리요. 야곱이 이르

되 오늘 내게 맹세하라 에서가 맹세하고 장자의 명분을 야곱에게 판지라. (창세기 25:29~33)

에서는 장자의 명분을 가볍게 여긴 것이다. 배고픔을 못 이겨 떡과 팥죽에 장자의 권리, 요컨대 하나님이 허락하신 축복의 권리를 팔아버린 것이다. 영혼을 신뢰하는 것과 그렇지 않는 것의 결과는 실로 엄청나게 다르다. 영혼은 우리의 모든 생각과 지혜의 샘일 뿐 아니라 우리 행동의 명령사령부(Headquarter)이기 때문이다.

영혼에 대해 이해하지 못하면 우리의 미덕, 겸양, 사랑 등의 실체가 어디에서 오는지 알지 못할 것이 분명하다. 뿐만 아니라. 시인이나 예술가들의 영감, 훌륭한 지도자의 영도력, 헌신하신 분들의 자비 등이 어디에서 나오는 것인지 알 수 없을 것이다. 그 배후에 신이 계신 것에 대해서는 어쩌면 상상도 하지 못할 것이다.

그렇다고 우리 영혼이 선한 것들로만 가득 차 있는 것은 아니다. 악한 생각이 우리를 나쁜 길로 유혹할 수도 있다. 생각이 자유롭듯이 영혼에는 문이 없어서 선한 것들과 악한 것들이 끊임없이 드나든다고 보아야 할 것이다. 우리는 매순간 선과 악을 호흡하고 있는 셈이다.

태초에 에덴동산에서 하와가 뱀의 유혹을 이기지 못하고 아담과 더불어 선악과를 따먹은 후 우리 영혼은 이미 선과 악을 품게 되었다. 선악과를 따먹은 당시에 아담과 하와도 그랬지만 교묘한 나쁜 영의 유혹은 분별하기 쉽지 않다. 인간이 스스로 분별하는 것은 거의 불가능에 가깝다.

그런 의미에서 처음 주어졌던 순수한 영혼을 회복하기 위해서는 우리 영혼에 섞여 있는 불순물을 제거해야만 할 것이다. 지난해 방안에서 숯 난로를 피우다 일산화탄소 중독으로 병원을 찾았던 일이 있다. 그때 응급실에서 몇 가지 기본검사를 마친 뒤 가장 먼저 한 일은 고압산소통에 들어가 몸 구석구석에 묻어 있는 일산화탄소를 제거하는 일이었다. 장장 2시간 가까이 산소통 안에 들어가 누워있었다.

거기에 들어가 있는 동안 별별 생각이 다 들었다. 우리 주변에는 이로운 것과 해로운 것이 동시에 널려 있다. 우리는 마치 호흡처럼 그것을 들이마시고 내뱉기도 한다. 그래서 우리는 악한 생각과 좋은 생각이 늘 경합하면서 자신의 정체성을 찾아나간다. 건전한 영혼을 유지하기 위한 영적 싸움이 수시로 이뤄지고 있다고 말할 수 있다.

우리는 자신의 의지대로 세상을 살아가고 있는 것처럼 생각할 수 있지만 사실은 그렇지 않은 경우가 훨씬 많다. 우리가 굳건한 의지를 갖고 그 뜻을 관철해보려고 하지만 늘 생각대로 되는 것은 아니다.

그런데 보통은 왜 그런지에 대해 깊이 생각하지 않는다. 그럭저럭 내 자신이 나를 지배하고 있는 것처럼 착각하는 경우가 대부분이다. 누군가의 알 수 없는 힘이 나를 움직이고 있다는 생각을 전혀 하지 않는다.

우리를 지배하는 영이 다행히 선한 영이라면 안도할 수 있지만, 악한 영이 우리 생각을 점령하고 있다면 우리는 이미 중병에 걸려 있는 것과 다를 바 없다. 바로 일산화탄소에 중독되었을 때 고압산소통에 들어가 독소를 뺐던 것처럼 가능한 빨리 나쁜 영의 때를 빼야 한다.

아담과 하와가 사탄으로부터 영이 오염된 이래 우리도 그 유전병을 이어받았다. 그래서 이제 벗어나야 한다. 방법이 없는 것은 아니다. 새로운 영을 공급받아야 한다. 나쁜 피를 빼고 새로운 피로 수혈하듯이 우리를 리모델링하지 않으면 안 된다. 그렇지 않으면 온전한 삶을 살 수 없을 뿐 아니라 온전한 죽음도 맞이할 수 없기 때문이다.

> 그러므로 이제 그리스도 예수 안에 있는 자에게는 결코 정죄함이 없나니 이는 그리스도 예수 안에 있는 생명의 성령의 법이 죄와 사망의 법에서 너를 해방하였음이라.(로마서 8:1~2)

새로운 영을 받지 않으면 세상의 모든 일이 특정 지도자의 능력이나 과학기술의 힘, 자연의 이치 등에 의해 움직일 것이라고 믿어버리고 그것에 주목하는데 그치고 말 것이다.

그저 출세하고 명예와 부를 얻어 잘 먹고 잘 사는 것이 인생의 목표로 삼게 될 것이다. 개인의 생로병사, 국가나 민족의 번영과 쇠퇴, 경제발전과 과학기술의 진보 등에 신이 관여하고 있다는 것을 전혀 인정하지 않으려 할 것이다.

모든 문제를 인간의 힘이나 지식에 의존할 것이 분명하다. 그러나 세상에는 불가사의한 일도 수없이 많을 뿐 아니라 과학기술로 해명할 수 없는 일도 부지기수로 많다. 그리고 삶이 정량적 수치로 행복해질 수 있는 것이 아니라는 사실도 분명히 인지해야 한다. 그렇지 못하면 인간의 존엄성이 신을 닮았다는 사실과 우리가 지니고 있는 사랑이나 자비, 연민 등이 하나님의 사랑과 긍휼하심을 닮았다는 것조차도 알아차리지 못할 것이다.

세상의 범죄나 전쟁, 기근이나 지진, 기후변화와 에너지 문제, 살인과 다툼, 분노와 억울함 등도 인간 스스로 해결할 수 있다고 생각하면 큰 오산이다. 설령 그렇게 된다고 해도 그 근원은 신과 맞닿아 있다는 사실을 간과해서는 안 될 것이다.

"신이 존재한다."고 성경구절을 읊어대거나 "신은 당신을 사랑합니다."라고 제아무리 그럴싸하게 증언한다고 해도 선한 행동이 따라주지 못한다면 아무런 소용이 없을 것이다. 그것은 신을 믿는 것이 아니라 신에 대해서 소문을 들었거나 신의 존재에 대해서 머리로 이해하는 수준에 불과한 것이다.

신의 증거는 그를 먼저 믿는 자들의 심성과 언행, 요컨대 인격으로 나타나야 비로소 힘을 받게 될 것이다. 인격은 자신의 영혼으로부터 발현되기 때문이다. 만약 자기 자신이 신앙인이라고 말한다면 세상 사람들에게는 신의 존재 여부의 잣대가 될 수 있음을 명심해야 할 것 같다.

니체, 러셀, 토마스 에디슨, 리처드 도킨스, 찰스 다윈, 스티븐 호킹, 볼테르, 아이슈타인, 세네카, 아놀드 토인비, 존 스튜어트 밀, 지그문트 프로이트 등 수많은 대학자들이 교회와 교인들의 부패에서 영향 받은 측면이 적지 않다. 그래서 그들은 신에 대해 확신을 갖지 못했다. 나라는 존재가 신의 존재를 빛나게 할 수도 반대로 신의 존재를 가려버리게 할 수 있음에 더욱 책임감을 느끼게 된다.

선(善)을 행하라.
우리는 매순간 선과 악을 호흡하고 있다.
선한 호흡이 우리를 지배하도록 해야 한다.

그러기 위해서는 그 분의 선한 영과 함께 호흡해야 할 것이다.
그 분의 위대함을 의지해야 할 것이다.

〈웃어넘기세요〉

경쟁에서 패했지요?
웃어넘기세요.
속임수에 넘어가 권리를 빼앗겼지요?
이 또한 웃어넘기세요.
사소한 일을 결코
비극으로 확대하지 마세요.
엽총으로 나비를 잡지 마세요.

그냥 웃어넘기세요.
일이 꼬이지요?
그저 웃어넘기세요.
벼랑 끝에 몰렸지요?
그저 웃어넘기세요.
당신이 찾는 것이 분별력이라면
웃음이상의 비결은 없지요.
그냥 웃어넘기세요.*

* 헨리 러더퍼드 엘리엇, 미국시화집, 웃어넘기세요, p.120, MUSE

율법과

사랑의 법

인류는 때로는 위대한 역사를 썼지만
때로는 한없이 무기력했습니다.
그 분을 의지할 때와 의지하지 않을 때
단지 그 차이 때문이었습니다.

믿음의 본질을 이야기할 때 넘어야 할 산이 하나 있다. 바로 율법의 문제다. 그렇다면 그리스도인에게 율법은 어떤 의미를 지니고 있을까를 살펴보는 것은 매우 중요한 일이 아닐 수 없다.

그런즉 무슨 말을 하리요 율법이 죄냐 그럴 수 없느니라. 율법으로 말미암지 않고는 내가 죄를 알지 못하였으니 곧 율법이 탐내지 말라 하지 아니하였더라면 내가 탐심을 알지 못하였으리라. 그러나 죄가 기회를 타서 계명으로 말미암아 내 속에서 온갖 탐심을 이루었나니 이는 율법이 없으면 죄가 죽은 것이라. (로마서 7:7~8)

바울은 율법에 대해 비유를 들어 알아듣기 쉽게 설명해주었다.

형제들아 내가 법을 아는 자들에게 말하노니 너희는 그 법이 사람이 살 동안만 그를 주관하는 줄 알지 못하느냐. 남편이 있는 여인이 그 남편 생전에는 법으로 그에게 매인 바 되나 만일 그 남편이 죽으면 남편의 법에서 벗어나느니라. 그러므로 만일 그 남편 생전에 다른 남자에게 가면 음녀라. 그러나 만일 남편이 죽으면 그 법에서 자유롭게 되나니 다른 남자에게 갈지라도 음녀가 되지 아니하느니라.(로마서 7:1~3)

사도 바울은 율법이 우리 안에 있는 죄의 요소인 탐심 등이 내재되어 있음을 깨닫게 해주는 역할을 한다고 했다. 그리고 설령 믿음으로 산다고 해도 마음으로는 하나님의 새로운 법인 사랑의 성령의 법을 섬기지만 여전히 육체는 죄의 법인 율법을 섬긴다고 했다. 여기서 중요한 것은 영혼은 죄의 영역에서 벗어나 있다는 점이다. 그래서 영혼을 구원하신 하나님께 감사하고 있는 것이다.

오호라 나는 곤고한 삶이로다. 이 사망의 몸에서 누가 나를 건져내랴. 우리 주 예수 그리스도로 말미암아 하나님께 감사하리로다. 그런즉 내 자신이 마음으로는 하나님의 법을 육신으로는 죄의 법을 섬기노라.(로마서 7:24~25)

죄가 너희로 주장하지 못하리니 이는 너희가 법 아래에 있지 아니하고 은혜 안에 있음이라.(로마서 6:14)

그렇기 때문에 마음으로는 하나님을 믿고 육체는 소욕을 따라 살라는 말이 아니라 영혼이 육체를 지배하여 하나님의 새로운 법에 순종하며 죄의 종이 되는 것에서 벗어나 주의 거룩함 안에서 진정한 자유를 누리라는 의미이다.

너희 육신이 연약하므로 내가 사람의 예대로 말하노니 전에 너희가 너희 자체를 부정과 불법에 내주어 불법에 이른 것 같이 이제 너희 지체를 의에게 종으로 내주어 거룩함에 이르라.(로마서 6:19)

우리가 율법의 종이 되었을 때는 오히려 의에 대하여는 자유로

웠다. 하지만 그 자유로움이 무슨 열매를 맺었느냐고 바울은 묻고 있다. 그 마지막은 사망이라고 단언하고 있다. 그리고 율법의 종에서 벗어나 하나님께 종이 되어 거룩함에 이르는 것이 열매를 맺는다고 했다. 그 열매는 바로 영생이다.

> 죄의 삯은 사망이요 하나님의 은사는 그리스도 예수 안에 있는 영생이니라.(로마서 6:23)

바울은 결코 율법을 탓하지 않았다. 오히려 "거룩하고 의로우며 선하다."(로마서 7:12)고 했다. 법은 입법자의 성향을 대변하기 마련이다. 입법자이신 하나님이 거룩하고 의로우시며 선하신 분이시니 율법 또한 그러한 목적이 내재되어 있다는 것을 말하는 것이다.

실제로 율법을 말미암지 않고는 무엇이 죄인지를 알지 못하므로 곧은 것이 굽은 것과 비교되어 알 수 있듯이 우리의 마음도 율법에 견주어 알지 않고서는 죄를 깨닫지 못하고 회개에 이르는 것도 불가능할 것이다.

> 율법은 선생이 되려 하나 자기가 말하는 것이나 자기가 확증하는 것도 깨닫지 못하는 도다. 그러나 율법은 사람이 그것을 적법하게만 쓰면 선한 것임을 우리가 아노라.(디모데전서 1:7~8)

요컨대 율법이 탐하지 말라고 할 때 비로소 그 탐심이 죄라는 것을 알게 된다는 것이다. 뿐만 아니라 율법은 우리가 겸손하게 되는데 영향을 준다. 영적 의미를 깨닫고 나면 율법이 사람을 겸손하게 한다.

사람의 타락한 본성이 율법을 악하게 사용하려 한다. 죄가 기회를 틈타서 계명으로 말미암아 내 속에서 온갖 탐심을 이루는 것이다.(로마서 7:8) 바울은 의로는 흠이 없는 사람이지만 마음속으로는 각양 탐심을 가지고 있었다.

우리도 마찬가지다. 그래서 늘 믿음의 자녀로서 혼돈스럽고 죄책감을 갖기도 한다. 율법이 거울처럼 사람을 비춰주지 않는다면 무엇이 죄인지 모를 뿐 아니라 그 죄가 여전히 우리 안에서 주인 노릇하고 있을 것이다.

율법 자체가 선하다거나 악한 것이라고 규정할 수 없다. 율법은 선과 악을 분별하게 해준다. 마치 시원한 바람이 정원을 지날 때는 좋은 향기를 내게 하지만 오물더미 앞을 지날 때는 악취를 내게 하는 것에 비유할 수 있을 것 같다.

모든 법에는 유효기간이 있다. 새로운 법이 만들어질 때까지다. 율법도 마찬가지다.

> 만일 그 유업이 율법에서 난 것이면 약속에서 난 것이 아니니라. 그러나 하나님이 약속으로 말미암아 아브라함에게 주신 것이라. 그런 즉 율법은 무엇이냐 범법하므로 더하여진 것이라 천사들을 통하여 한 중보자의 손으로 베푸신 것인데 약속하신 자손이 오기까지 있을 것이라.(갈라디아서 3:18~19)

하나님은 왜 모세에게 율법을 주셨을까?

사실 이스라엘 백성은 믿음의 조상인 아브라함의 자손이다. 그렇다면 믿음을 통한 구원을 폐기하고 율법으로 대체하신 것일까? 그렇지 않다. 성서에는 "율법은 범법하므로 인하여 더한 것이다."(갈라디아서 3:19~20)라고 말하고 있다. 이스라엘 백성이 믿음이 있었다면 굳이 율법을 만들 필요가 없었을 것이다.

그래서 율법은 더 큰 하나님의 사랑의 메시지라고 볼 수도 있다. 예수 그리스도께서 이 땅에 오심과 연관이 있는데 모든 율법을 완성하기 위해 오셨다는 점이다. 그래서 이스라엘 백성은 물론이고 이방 사람들에 이르기까지 구원의 계획을 가지고 계셨던 것이다.

아브라함과의 약속을 폐기하기 위해 율법으로 대체된 것이 아니라 이스라엘 백성들이 스스로 하는 행위가 죄인지 아닌지를 깨닫게 하고 나아가 예수그리스도의 복음으로 완성하고자 하는 큰 은혜가 내포되어 있음을 알아야 한다.

> 내가 이것을 말하노니 하나님께서 미리 정하신 언약을 사백삼십 년 후에 생긴 율법이 폐기하지 못하고 그 약속을 헛되게 하지 못하리라. (갈라디아서 3:17)

율법은 모세로부터 예수 그리스도가 오시기까지 한정적으로 더 이상 죄를 범하지 않도록 하기 위해, 또 하나님에 대한 죄가 무엇인지를 깨닫게 하시기 위해 이스라엘 백성들에게 주어졌다. 율법은 이처럼 믿음의 교훈을 주지만 그 안에 구원은 없다. 예수 그리스도의 복음으로 인하여 바로 은혜로운 구원의 시대가 열린 것이다.

대표적인 율법주의자로서 그리스도인들을 박해했던 바울은 복음을 접하고 이렇게 고백했다.

> 미쁘다 모든 사람이 받을 만한 이 말이여 죄인을 구하시려고 세상에 임하셨다 하였도다. 죄인 중에 내가 괴수니라. 그러나 내가 긍휼을 입은 까닭은 예수 그리스도께서 내게 먼저 일체 참

으심을 보이사 후에 주를 믿어 영생을 얻는 자들에게 본이 되게 하려 하심이라.(디모데전서 1:13~14)

바울은 복음의 본질에 대해 명확히 설명했으며 복음을 받아들여 믿음으로 사는 자들이 어떤 마음을 가져야 하는지 핵심적인 말을 했다. 이처럼 약속된 자 안에서 하나님의 은혜가 풍성하게 나타났을 때 모세에게 주어진 율법은 더 이상 효력을 발휘하지 못한다.

비록 자연법으로서 율법은 우리에게 교훈이 되고 죄를 깨닫게 해준다는 면에서는 유효하지만 더 이상 법적 언약으로서는 영향을 주지 못한다. 그래서 더 이상 율법의 무시무시한 조항들을 읽으면서 두려워하거나 죄책감을 느낄 필요는 없다. 성경은 우리에게 분명히 가르쳐준다. 모든 것을 죄 아래에 가두었고 예수 그리스도를 믿는 믿음이라는 아주 초간단한 방법으로 하나님 자녀 되는 것을 계획하신 것이다.

성경이 모든 것을 죄 아래에 가두었으니 예수 그리스도를 믿음으로 말미암는 약속을 믿는 자들에게 주려 함이라. 믿음이 오기 전에 우리는 율법 아래 매인 바 되고 계시될 때까지 갇혔느니라.(갈라디아서 3:22~23)

그러므로 네가 이후로는 종이 아니요 아들이니 아들이면 하나님으로 말미암아 유업을 받을 자니라. 그러나 너희가 그때에는 하나님을 알지 못하여 본질상 하나님이 아닌 자들에게 종노릇 하였더니 이제는 너희가 하나님을 알 뿐 아니라 더욱이 하나님이 아신 바 되었거늘 어찌하여 다시 악하고 천박한 초등학

문으로 돌아가서 다시 그들에게 종노릇하려 하느냐.(갈라디아
서 4:7~9)

감사한 것은 율법이 있으므로 인해서 내 자신이 얼마나 죄에
노출되어 있고 유혹 당하기 쉬운 존재인가를 깨닫게 되었다는 점
이다. 그래서 율법을 통해서 그리스도께 나아가지 못한다면 달
은 보지 못하고 달을 가리키는 손가락만 보는 것과 다를 바 없
다. 율법은 유대인과 헬라인을 구분했고 종과 자유인, 남자와 여
자를 구별하였다. 그러나 이제 그렇지 않다. 예수 그리스도 안에
서 하나가 되었다.

내가 복음을 부끄러워하지 아니하노니 이 복음은 모든 믿는 자
에게 구원을 주시는 하나님이 능력이 됨이라 먼저는 유대인에
게요 그리고 헬라인에게로다.(로마서 1:16)

너희가 다 믿음으로 말미암아 그리스도 예수 안에서 하나님의
아들이 되었으니 누구든지 그리스도와 합하기 위하여 세례 받
은 자는 그리스도로 옷 입었느니라.(갈라디아서 3:26~27)

이제 우리에게는 새로운 법이 주어졌다. 그리스도 예수 안에
있는 성령의 법, 생명의 법이다. 그래서 구법은 효력을 상실하
였다.

그러므로 이제 그리스도 예수 안에 있는 자에게는 결코 정죄함
이 없나니 이는 그리스도 예수 안에 있는 생명의 성령의 법이
죄와 사망의 법에서 너를 해방하였음이라. 율법이 육신으로 말
미암아 연약하여 할 수 없는 그것을 하나님은 하시나니 곧 죄

로 말미암아 자기 아들을 죄 있는 육신의 모양으로 보내어 육신에 죄를 정하사 육신을 따르지 않고 그 영을 따라 행하는 우리에게 율법이 요구가 이루어지게 하려 하심이라.(로마서 1:1~4)

따라서 이 과정을 이해할 필요가 있다. 새로운 법의 의미는 우리에게 생명과 성령을 주신다는 것이다. 율법으로는 도저히 의로워질 수 없는 죄악으로 가득한 불완전한 우리의 구조적 실체를 아시는 그리스도께서 모든 율법을 몸소 지켜 완성하셨다.

내가 율법이나 선지자를 폐하러 온 줄로 생각하지 말라 폐하러 온 것이 아니요 완전하게 하려 함이라.(마태복음 5:17)

예수께서는 그런 뜻에서 십자가의 소명을 마치시고 다 이루었다고 말씀하셨다.

예수께서 신포도주를 받으신 후에 이르시되 다 이루었다 하시고 머리를 숙이니 영혼이 떠나가시니라.(요한복음 19:30)

그리고 십자가의 죽음과 부활을 통해 인성(人性)과 신성(神性)을 모두 보여주시며 믿음의 산증인이 되어 주신 것이다. 그래서 우리가 별도로 지켜야 할 율법이 손톱만큼도 남아 있지 않게 되었다. 그리스도의 은혜로 믿음 안에서 사랑하며 살게 하신 것이다.

율법이 우리를 정죄하지 못한다는 것이지 율법정신이 아무런 필요가 없다는 뜻은 아니다. 이제 율법정신을 업그레이드시켜서 믿음과 소망과 사랑으로 그리스도를 닮아가는 삶을 살아야 하는 것이다. 그것이 그리스도 안에서 참 자유와 평강을 누리는 길이다.

하나님은 우리를 이처럼 사랑하신다는 점이다. 하나님은 사랑 그 자체이시다. 그래서 우리가 그 분 안에 들어가는 순간, 또 그 분을 내 안에 모시는 순간, 사랑의 법이 나를 주관하게 된다는 것이다. 이 얼마나 놀라운 일인가? 보통의 생각으로는 믿어지지 않는 것이 어쩌면 당연한 일인지 모른다. 그렇게 해서 하나님을 믿고 사랑을 느끼게 되면 그 분을 닮고 싶은 생각이 드는 것이 자연스러운 일이다.

누구든지 예수를 하나님의 아들이라고 시인하면 하나님이 그 안에 있 거하시고 그도 하나님 안에 거하느니라. 하나님이 우리를 사랑하시는 사랑을 우리가 알고 믿었노니 하나님은 사랑이시라 사랑 안에 거하는 자는 하나님 안에 거하고 하나님도 그의 안에 거하시느니라.(요한일서 4:15~16)

만약 우리가 하나님을 두려워한다면 그것은 하나님이 우리 안에 없고 우리가 하나님 안에 계시지 않는다는 뜻이 된다. 하나님의 사랑 안에는 두려움이 존재하지 않기 때문이다.

사랑 안에는 두려움이 없고 온전한 사랑이 두려움을 내쫓나니 두려움에는 형벌이 있음이라 두려워하는 자는 사랑 안에서 온전히 이루지 못하였느니라.(요한일서 4:18)

여전히 율법 안에 있는 사람과 새로운 법의 본질인 사랑 안에 있는 사람의 차이는 무엇일까? 성서에는 좋은 비유가 있다. 어떤 부자 청년의 이야기다.

어떤 사람이 주께 와서 이르되 선생님이여 내가 무슨 선한 일을 하여야 영생을 얻으리까. 예수께서 이르시되 어찌하여 선한 일을 내게 묻느냐 선하신 이는 오직 한 분이시니라 네가 생명에 들어가려면 계명을 지키라. 이르되 어느 계명이오니이까. 예수께서 이르시되 살인하지 말라, 간음하지 말라, 도둑질하지 말라, 거짓 증언하지 말라. 네 부모를 공경하라, 네 이웃을 네 자신과 같이 사랑하라 하신 것이니라. 그 청년이 이르되 이 모든 것을 내가 지켰사온대 아직도 무엇이 부족하니이까. 예수께서 이르시되 네가 온전하고자 할진대 가서 네 소유를 팔아 가난한 자들에게 주라. 그리하면 하늘에서 보화가 네게 있으리라. 그리고 와서 나를 따르라하시니 그 청년이 재물이 많으므로 이 말씀을 듣고 근심하여 가니라. 예수께서 제자들에게 이르시되 내가 진실로 너희에게 이르노니 부자는 천국에 들어가기가 어려우니라. 다시 너에게 말하노니 낙타가 바늘귀로 들어가는 것이 부자가 하나님 나라에 들어가는 것보다 쉬우니라 하시니 제자들이 듣고 몹시 놀라 이르되 그렇다면 누가 구원을 얻을 수 있으리이까. 예수께서 그들을 보시며 이르시되 사람으로는 할 수 없으나 하나님으로서는 다 하실 수 있느니라. (마태복음 19:16~26)

여기서 짚어볼 수 있는 것은 부자 청년은 여전히 율법적 사고에서 벗어나지 못하고 있다는 점이고 새로운 법의 본질인 사랑이 결여되어 있다는 점이다. 본인은 계명을 다 지켰다고 했지만 새로운 법의 잣대로 보았을 때 그는 불합격인 것이다.

소유를 팔아 가난한 사람들에게 나눠주라고 말씀하신 후, 예수님은 그렇게 하면 하늘에서 보화가 네게 있을 것이라고 약속하셨다. 그러나 그는 그 약속에 크게 의미를 두지 않았다. 현실적으로 자신이 소유하고 있는 것에서 눈을 떼지 못한 것이다. 믿음이 부족한 것이다.

우리 스스로도 생각해볼 필요가 있다. 정말로 가난한 사람들, 소외된 사람들에게 나눌 수 없을 만큼 가진 것이 없는지, 아니면 믿음이 부족한 것인지, 사랑이 부족한 것인지 바로 그런 문제에 대해 깊이 성찰하고 묵상하는 것이 신앙의 바른 자세가 아닐까 생각해본다. 그리고 "사람으로는 할 수 없으되 하나님으로서는 할 수 있다."(마가복음 10:27)는 말씀을 부여잡고 성령 충만해지기를 기도해야 할 것 같다.

〈위대한 사랑〉

한 아이의 손에 들려 있던
다섯 덩어리의 떡과 두 마리의 물고기로 기적을 베푸신
하나님을 통해
나는 인류를 향한 하나님의 긍휼과 연민을 보았습니다.

자식과 더불어 먹고 죽으려고 남겨두었던
마지막 양식인 한 줌의 밀가루와 기름으로
엘리야를 대접했던 과부의 손길에서 하나님의 처연한 사랑을
보았습니다.

형제들로부터 버림받은 요셉의 인내와 너그러움 속에서
하나님의 지고지순한 성품을 보았습니다.

하나님으로부터 사랑받은 다윗의 춤과 노래 속에서
나는 하나님의 영광을 보았습니다.

애굽을 탈출한 이스라엘 백성들의 혹독한 광야생활 속에서
인간에 대한 하나님의 원대한 뜻을 보았습니다.

소돔과 고모라를 멸망시키기에 앞서
하나님은 아브라함에게 이르되
처음에 의인 오십 명을 찾으면 용서하리라고 하셨다.
아브라함의 요청으로
그 다음에 사십 명으로 줄여주셨다.
또 삼십 명으로 줄여주셨다.
게다가 이십 명으로 줄여주셨다.
마침내 의인 열 명을 데려오면 용서하리라고 하셨다.
의인 열 명은 결국 없었다.
소돔과 고모라는 하나님의 계획대로 되었다.
나는 여기서 하나님의 공의로움과 더불어 한없는
그 분의 인내를 보았다.

하나님은 온 인류를 구원하기 위해
육신을 입고 이 땅에 오셨다.
그가 바로 예수님이다.
그는 겟세마네 동산에서 이렇게 기도했다.
아빠 아버지여 아버지께서는 모든 것이 가능하오니
이 잔을 내게서 옮기옵소서.
그러나 나의 원대로 마옵시고 아버지 원대로 하옵소서.
나는 예수님 기도와 보혈의 십자가에서 인류를 향한
위대한 사랑을 보았습니다.

인류는 때로는 위대한 역사를 썼지만
때로는 한없이 무기력했습니다.
그 분을 의지할 때와 의지하지 않을 때
단지 그 차이 때문이었습니다.

우리는 수시로
하늘을 우러르고
예수님을 떠올리며
광야를 바라보고
과부와 고아를 떠올리고
요셉처럼 꿈꾸며
다윗처럼 춤추고 노래해야 할 것입니다.

사람

풍경

사람은
가장 의존적인 존재이면서도
마치 가장 독립적인 존재인 것처럼 행동한다.

아무리 황량한 거리일지라도 사람들이 북적거리면 그 거리는 언제 그랬냐는 듯 금세 활기를 찾는다. 아무리 휘황찬란한 번화가 풍경일지라도 사람이 찾지 않으면 얼마가지 않아 죽음의 도시로 변하고 만다. 사람은 언제나 풍경의 주인공이다.

　사람의 발길이 끊어진 인적 없는 거리를 걸어본 적 있나요? 그런 사람은 사람에 대한 그리움이 무엇인지 조금은 이해할 것이다. 온통 사람으로 가득한 혼잡한 거리나 축제현장을 걸어본 적 있나요? 그런 사람은 다른 사람을 통해 에너지를 받은 경험이 있을 것이고 그들 속에서 자신의 존재감을 느꼈을 것이다.

　거리에서 나를 외롭게 하는 것도 나를 들뜨게 하는 것도 자신의 몫이겠지만 사실 사람들이 크게 관여되어 있음도 알게 된다. 거리가 삭막하게 느껴지는 것은 거기에 사람이 없기 때문이다. 사람으로 북적일수록 호기심도 늘어나고 그들 틈새를 파고들면서까지 뭔가를 느껴보고 싶어 하게 만든다.

　축제거리에서 나를 들뜨게 하는 것은 음악도 퍼레이드도 아니고 궁극적으로 거기에 있는 사람들이다. 인적 없는 거리에서 멋진 음악을 틀고 요란한 퍼레이드를 한들 군중 속에서 했던 것처럼 기쁨을 감추지 못하고 환호성을 지르며 그 분위기에 도취될 수 있겠는가? 아마 미친 사람 취급받을지도 모른다.

사람이 노래 부르고 춤추는 이유는 주변에 사람이 있기 때문이다. 그런 의미에서 나의 행복은 어느 정도 타인 속에 감춰져 있다고 할 수 있다. 사람들이 기뻐할 때 나도 덩달아 기뻐지고 싶어진다. 사람들이 슬퍼할 때 나도 그들처럼 슬퍼지기도 한다. 행복을 지나치게 자신에게서만 찾으려다보니 그다지 행복해지지 못하는 것이다.

이웃이 건네는 안녕하세요라는 짤막한 인사 한마디에 나는 저절로 기분 좋아진다. 어린 아이의 순박한 미소와 몸짓을 보며 나도 모르게 덩달아 미소 짓게 된다. 농부가 흘리는 땀방울을 보고 있노라면 마음 속 언저리에서부터 작은 울림이 울려 퍼지고 있음을 느낀다.

남과 북의 정상이 웃으며 손을 맞잡고 위로 치켜들 때 나도 모르게 만세를 부르게 된다. 그다지 오래가지 않을지 모르지만 그 순간만큼은 평화를 느낀다. 운전을 할 때 간혹 내 앞으로 끼워들기 위해 방향등을 표시하는 경우가 있다. 그럴 때 속도를 늦추며 양보를 하면 그는 비상등을 켜며 고마움을 표시한다. 내가 그에게 고마운 마음을 들게 했다는 생각을 하면서 잠시 뿌듯해진다.

"타인은 나의 거울 속에 비춰진 또 다른 나"라는 말이 있다. 그들이 행복할 때 나도 행복해지고 내가 행복하면 그들을 행복하게 할 수 있다. 행복해진다는 것은 이런 일이 반복되어지는 것 아닐까요.

풍경 중에 으뜸은 사람 풍경이다. 이웃을 주목하고 나를 살피면 행복해질 확률이 확실히 높아질 것이다.

〈사람〉

사람은
가장 의존적인 존재이면서도
마치 가장 독립적인 존재인 것처럼 행동한다.

동물은 태어나자마자 걷습니다.
단세포생물은 생성되는 순간 성체가 되어
또 다른 세포로 증식한다.

사람은
양육기간이 길어 적게는 20년, 길게는 30년이 넘는다.
나이가 들어도 평생 철들지 않는 사람도 더러 있다.

사람은
영광스럽게도
하나님을 닮은 모습으로 창조되었다.

하나님을 영화롭게 하며
그 분과 친구처럼 교제할 수 있는 특권도 주어졌다.
또, 세상의 온갖 동물과 식물을 다스리는 권리도 덤으로 얻었다.

그런데
사람들은
자신이 마치 하나님이라도 되는 것처럼 살아간다.

하물며
이웃은 거들떠보지도 않으면서

다스리라는 동물들을 사람보다 귀하게 여기며 살아간다.

심지어 자신의 존재를 망각하고
아예 동물처럼 살아가는 사람들도 없지 않다.

삶이

향기가 되다

다정하고 따스함이 배어 있는
한마디의 말이
맑은 하늘의 밤별처럼
한 사람의 삶을 외롭지 않게 인도합니다.

요즘 TV를 켜기가 겁이 난다. 그 이유는 뉴스나 드라마 등이 가족들과 함께 시청하기에는 부적절한 장면이 너무 많이 등장하기 때문이다. 뉴스를 볼 때마다 자식이 부모를 업신여기고 부모가 어린 자식을 학대하며 또 여성이 남자 친구에게 헤어지자고 얘기했다가 해코지당하는 일 등 어처구니없는 사건들이 하루가 멀다고 보도되고 있다. 이런 상상하기도 싫은 끔직한 일들이 연일 일어나는 이유는 무엇일까?

그런 사건의 발단이 대부분 돈과 성(性)이 밀접하게 관련되어 있는 것으로 밝혀지고 있다. 마치 돈만 있으면 안 되는 것이 없어 보이는 세상이다. 또 이성(異性)을 성적 상대로만 생각하는 그릇된 사고가 빚어낸 결과가 아닌가 싶다. 돈이 주는 유익, 그리고 성이 주는 쾌락을 얻기 위해 사람의 귀한 생명마저도 아무런 죄책감 없이 너무나 가볍게 여기는 풍조가 참으로 안타깝기 그지없다.

이런 답답하고 어지러운 세상을 보며 그저 한탄만 하고 있을 것인가? 이런 세태를 하나님의 자녀인 우리들은 과연 어떻게 받아들이고 대응하는 것이 바람직할까? 심각하게 고민하지 않으면 안 될 것 같다.

많은 사람들은 인생의 대소사나 세상의 문제를 세상지식이나 자신의 경험과 생각으로 풀어보려는 경향이 있다. 그러나 하나 님의 자녀인 우리들은 성경에서 그 해답을 찾고 하나님의 지혜에 의지하여 문제를 풀어가려는 습관을 길러야 할 것 같다.

그런 의미에서 바울이 디모데에게 보낸 서신은 작금의 사태를 어떻게 진단하고 어떻게 대응해야 하는지 생각하게 하고 마음자 세를 가다듬게 한다.

> 네가 이것을 알라 말세에 고통하는 때가 이르리니 사람들은 자 기를 사랑하며 돈을 사랑하며 자긍하며 교만하며 훼방하며 부 모를 거역하며 감사치 아니하며 거룩하지 아니하며 무정하며 원통함을 풀지 아니하며 참소하며 절제하지 못하며 사나우며 선한 것을 좋아 아니하며 배반하여 팔며 조급하며 자고하며 쾌 락을 사랑하기를 하나님 사랑하는 것보다 더하며 경건의 모양 은 있으나 경건의 능력은 부인하는 자니 이 같은 자들에게서 네 가 돌아서라.(디모데후서 3:1~5)

사람이 예상하지 못했던 일들을 경험하게 될 때 누구든 당황 하지만, 그런 일이 일어날 것을 미리 알고 있는 상황에서 접하게 되면 침착하고 지혜롭게 대응할 수 있을 것이다. 그런 의미에서 성서는 우리가 지금 경험하고 있는 일들이 새삼스러울 것이 없 다고 알려주고 있다.

요컨대 사람들은 자기를 사랑하고, 돈을 사랑하며, 자랑하며, 교만하며, 비방하며 부모를 거역하며, 감사하지 아니하며, 원통 함을 풀지 않으며 쾌락을 사랑하는 것을 하나님 사랑하는 것보다 더한다고 분명히 일러주고 있다. 말씀의 첫 마디에 네가 이것을 알라고 힘주어 말하고 있다.

성서에 등장한 인물 중에 하나님의 지혜에 의존하며 인생을 풀어간 사람이 있다. 바로 솔로몬이다. 솔로몬은 이웃과 사회문제에 관심이 많았던 것 같고 좋은 사회를 위해 훌륭한 지도자가 되고 싶었던 같다. 세상에 훌륭한 사람이 되고 싶은 사람은 많으나 정작 훌륭한 사람은 많지 않다.

하나님을 인정하고 하나님께 지혜를 구한 사람은 결과가 좋지만, 그렇지 않은 사람의 결과는 마치 불 보듯 뻔하다. 하나님을 의지한 솔로몬에게 주신 것 중에 우리가 지혜와 총명은 익히 알고 있지만 간과하기 쉬운 것이 또 하나 있는데 그것은 바로 넓은 마음이다.

하나님이 솔로몬에게 지혜와 총명을 심히 많이 주시고 또 넓은 마음을 주시되 바닷가의 모래같이 하시니. (왕상 4:29)

비교적 태어날 때부터 넓은 마음을 지니고 태어난 사람이 있을 수 있다. 그것은 하나님의 은혜에 속한 영역이다. 그러나 후천적으로 마음을 넓힐 수 있다는 것을 알 수 있는 말씀이 있다. 바울은 고린도 교인들에게 "내가 자녀에게 말하듯 하노니 보답하는 양으로 너희도 마음을 넓히라."(고후 6:13)고 권면한다.

세계 최초로 특급 배송업체 FedEx를 세운 프레드 스미스(Fred Smith)는 "미숙한 사람은 자기와 닮은 사람만 좋아하고 성숙한 사람은 자기와 다른 사람을 좋아한다."고 말했다. 자기와 다른 것이 결코 틀린 것이 아닌데도 자기와 다른 사람을 받아들이지 못한 것은 성숙한 사람이 아니라는 것이다.

마음의 크기를 분별할 수 있는 또 하나의 방법은 다른 사람들이 우리를 대하는 태도를 보면 알 수 있다. 좁은 마음을 갖게 되는 이유는 기본적으로 이기심이 작용한 탓일 것이다. 자기의 유익만을 생각하는 사람은 대체적으로 자기의 유익이 없다싶으면 쉽게 분노하는 경향이 있다.

그러면 어떻게 넓은 마음을 가질 수 있을까? 바울은 이같이 말한다.

너희 안에 이 마음을 품으라. 곧 그리스도 예수의 마음이니 그는 근본 하나님의 본체시나 하나님과 동등 됨을 취할 것으로 여기지 아니하시고 오히려 자기를 비어 종의 형체를 가져 사람들과 같이 되었고 사람의 모양으로 나타나셨으매 자기를 낮추시고 죽기까지 복종하셨으니 곧 십자가에 죽으심이라 이러므로 하나님이 그를 지극히 높여 모든 이름 위에 뛰어난 이름을 주사.(빌 2:5~9)

예수님도 자신을 배우라고 직접 말씀하셨다.

나는 마음이 온유하고 겸손하니 나의 멍에를 메고 내게 배우라 그러면 너희 마음이 쉼을 얻으리니.(마 11:29)

예수님의 마음을 품을 때 비로소 우리는 참된 안식을 얻게 되고 타인을 배려하게 되며 이웃을 사랑하게 된다는 것을 알 수 있다. 형제와 이웃과의 관계가 원만해야 진정한 의미에서 자신의 평안도 유지될 수 있음을 우리는 너무 잘 알고 있다.

그래서 성서는 할 수 있거든 너희로서는 모든 사람으로 더불어 화목하라.(롬12:18) 고 하였고, 그러므로 예물을 제단에 드리다가 거기서 네 형제에게 원망 들을 만한 일이 있는 줄 생각나거든 예물을 제단 앞에 두고 먼저 가서 형제와 화목하고 그 후에 와서 예물을 드리라.(마 5:23~24)고 가르쳐준다.

예수님은 말씀을 가르치시는 데 그치지 않고 온유하고 겸손한 마음으로 몸소 모든 것을 품으셨다. 세리도, 창기도, 가난한 사람도, 부자도, 무식한 사람도, 그리고 잘난 체 한 사람도 차별 없이 품으셨다.

또, 예수님은 한없이 낮아지셨다. 대지는 가장 낮은 곳에서 오물도, 낙엽도, 씨앗도, 나무도 품음으로써 나중에 열매를 맺는다. 바다는 가장 낮은 곳에 위치하여 모든 강물을 받아들인다. 깨끗한 것도 더러운 것도 모두 받아들인다. 그런 바다에는 가장 많은 생물이 살고 있다. 예수님의 마음을 품는 다는 것은 어쩌면 대지처럼, 바다처럼 낮아져서 모든 것을 받아들이는 포용력을 갖는다는 의미가 아닐까.

이제 세상을 보면서 슬프도다. 어지럽도다. 한탄만하고 있을 것이 아니라 예수님 마음을 품고 세상을 배타적으로 멸시하거나 나와 상관없다는 식으로 방관만하고 있을것이 아니라 예수님이 그랬듯이 긍휼과 사랑을 담은 넓은 마음으로 받아들여야 할 것 같다.

지금은 모든 것을 그 분의 무한한 지혜와 능력에 맡기고 일에나 말에나, 들거나 나거나 오직 하나님의 영광을 위해 살겠다는 결단이 필요한 때인 것 같다.

〈삶의 향기〉

당신의 삶이 무미건조한 이유는
이 세상에 눈여겨볼 만한 곳이
얼마나 많은지 모르기 때문입니다.

당신의 생활이 단조롭고 권태로운 것은
이 세상이 얼마나 아름답고 흥미로운 구석이 많은지
미처 간파하지 못했기 때문입니다.

당신의 말이 거칠고 메마른 것은
그 말의 씨앗이 지닌 위력을
전혀 알고 있지 못하기 때문입니다.

다정하고 따스함이 배어 있는 한마디의 말이
맑은 하늘의 밤별처럼
한 사람의 삶을 외롭지 않게 인도합니다.

비수처럼 다른 사람의 가슴을 헤집는 말
그 말로 인해 어떤 사람은
일생을 어둡고 암울하게 보낼 수 있습니다.

삶의 향기
그것은 사람이 표현할 수 있는
가장 고상한 언어이며 행위가 아닌가 싶습니다.

인간미 넘치는 삶의 향기는
세상의 어떤 아름다운 꽃향기보다
세계유명 브랜드의 값비싼 고급향수보다
훨씬 매혹적입니다.

그윽한 삶의 향기는
내면의 가장 깊은 곳까지 파고들며
오래도록 여운을 남깁니다.

숲에

길이 있었네

풍취를 느낄 수 있는 삶
내가 나다워지는 삶
아, 고요함이다.

웃자고 하는 얘기지만 도(道)를 얘기하면 먼저 떠오르는 것은 길가에서 젊은 청년들이 "도를 아십니까?"라고 질문하던 모습이 떠오른다. 그러나 진지하게 도를 생각할 경우 떠오르는 인물은 노자(老子)다. 노자는 생몰 연대를 알 수 없고 이름도 정확히 알려진 바 없는 신비에 싸인 노인이다.

그러나 그의 유일한 저서라고 할 수 있는 도덕경(道德經)은 오랫동안 동양 사상의 근간을 이룰 정도로 많이 회자되고 있는 것이 사실이다. 도덕경의 첫 장에서 도에 대한 정의를 내리며 출발하는데 도에 대해 더욱 혼란스럽게 만들며 깊은 사색을 요하고 있다.

알 듯 말 듯 한 화법을 구사하며 어리둥절하게 만들기도 한다. 물론 언어가 다른 경우 번역내용으로 문장의 의도를 정확하게 파악하는 것은 쉽지 않은 일이다. 그래서 전문가들 사이에서 조차도 해석이 늘 동일한 것이 아니다. 맥락을 이해하며 깨달을 수밖에 도리가 없는 것 같다.

道可道非常道, 名可名非常名(도가도비상도, 명가명비상명)
無名天地之始, 有名萬物之母(무명천지지시, 유명만물지모)
故常無欲以觀基妙, 常有欲以觀基徼(고상무욕이관기묘, 상유욕관

204

기요)

此兩者, 同出而異名同謂之玄(차량자, 동출이이명동위지현)

玄之又玄, 衆妙之門(우현지현, 중묘지문)

길을 말할 수 있으면 늘 그러한 길이 아니며,

이름을 지을 수 있다면 늘 그러한 이름이 아니다.

이름이 없는 것은 천지의 처음이며,

이름이 있는 것은 만물의 어머니이다.

따라서 하고자 함이 없어 그 야릇함을 보며,

하고자 하니 그 드러남을 본다.

이 둘은 한 곳에서 나왔지만 이름이 다르니,

같이 말하여 검다고 한다.

검고도 또 검으니

여러 야릇함의 구멍이다.*

　도(道)를 정의하면 그것은 진정한 도가 아니라고 하고 어떤 것에 이름을 붙이면 그 이름에 갇혀버려 진정한 이름을 갖지 못한다고 한다. 말하자면 도는 한마디로 정의하기 어려울 뿐 아니라 이것이나 저것이라고 규정하는 순간 또 다른 도를 도라고 부를 수 없게 된다는 것이다.

　예를 들어 나는 어떤 사람이라고 규정하는 순간 내가 알지 못하지만 내 안에 존재하는 어떤 것은 나로 인정하지 않는 결과를 초래한다는 얘기다.

　인생에 있어서 길(道)이 왜 그렇게 중요할까?

---

* 정세근 저(2018), 노자 도덕경 길을 잃은 삶, p.17, 문예출판사

길에서 "도(道)를 아십니까?"라고 물었던 사람들은 정작 자신들은 도에 대해 알고 있을까?

성서에는 분명히 길을 제시하고 있다. 바로 예수그리스도이다. 예수님께서 자신을 소개하실 때 단 세 개의 단어(Key word)로 압축하여 표현하셨다.

내가 길이요 진리요 생명이니 나로 말미암지 않고는 아버지께로 올 자가 없느니라.(요한복음 14:6)

길은 진리나 생명 못지않게 중요하다는 얘기가 된다. 사람들이 찾는 길과 예수님이 제시하신 길은 뭐가 다를까? 사람들은 대체로 평탄하고 즐거운 길만을 찾는다. 하지만 숲길은 늘 걷기 좋은 길만 있는 것은 아니다. 때로는 가파른 길도 만나게 되고 계곡을 가로지는 길을 만날 수도 있다.

그렇다면 예수님이 제시하신 길은 어떤 길일까?

존 번연의 천로역정은 그 분에게 이르는 길에 대해 잘 표현해주고 있다. 그 과정에서 희망과 절망, 환희와 슬픔, 담대함과 두려움 등 셀 수 없는 감정의 기복을 겪을 뿐 아니라 실로 다양한 어려운 상황을 만나기도 한다. 그때마다 극복하는 무기는 믿음이었다. 우리가 믿으면 하나님은 믿음에 보답하는 그야말로 은혜의 과정이다. 천로역정은 인생의 다이제스트 판이라고 할 수 있다.

믿음은 모든 여정의 필수품이지만, 여행의 즐거움을 위해 소망을 장착하면 좋다. 거기에 사랑 하나를 더 챙긴다면 더할 나위 없이 완벽한 여행이 될 것이다.

믿음은 그 분만이 진리이고 생명의 주인이라는 사실을 인정하고 굳게 의지하는 것이다. 소망은 어떤 역경이 닥쳐도 유혹에 넘어지지 않고 반드시 그 분의 나라에 들어갈 수 있다는 절대적인 기대를 갖게 한다. 아울러 사랑은 내 생명이 소중한 것처럼 다른 사람의 생명에 대해 긍휼한 마음을 가지게 된다.

세상에는 다양한 이정표가 있다. 건강의 길, 부자의 길, 권력의 길, 명예의 길, 행복의 길 등 서로 자기 쪽으로 오라고 손짓한다. 하지만 그곳에는 생명이 없어 죽음 앞에 섰을 때 부질없는 길이었음을 알 수 있게 될 것이다.

한적한 숲길에서 새소리, 나무가 숨 쉬는 소리, 개울물이 졸졸 졸 흐르는 소리가 생명의 소중함을 노래하고 있다. 숲길을 걸으며 진리를 볼 수 있고 생명을 볼 수 있다. 하나님께서 덤불 속에 나뭇가지 위에 바위틈에 진리를 숨겨 놓았기 때문이다.

마치 보물찾기를 하는 것처럼 우리는 그 보물을 찾아낼 수 있어야 한다. 왜? 그 길만이 우리의 소망인 하나님 나라에 이르게 할 수 있기 때문이다. 진짜 이정표는 십자가의 보혈과 부활의 주인공이신 예수님이시다.

거기에는 죄 사함이 있고 구원이 있으며 영원한 생명이 있기 때문이다. 우리는 예수님을 푯대삼아 믿음으로 소망으로 사랑으로 묵묵히 그 길을 걸어가야 한다. 마치 여행하는 것처럼….

숲길이 내게 준 교훈이다.

〈아, 고요함이다〉

어쩌다
혼자 숲길을 걷다보면
고요함이 그렇게 좋을 수 없다.

말로 표현할 수 없는
자유로움, 평화로움을 느낄 수 있어서다.
오랜 심연(深淵)에서 헤어나지 못하다가
모처럼 맛보는 해방감 같은 것이라고 해도 좋다.

그곳에서는
아무도 내게 말을 걸지 않는다.
나 역시 어떤 대답을 하지 않아도 된다.

그런데 사람이 직접 말을 걸진 않지만
그곳에서는 더 많은 소리를 들을 수 있다.
나뭇잎들을 스치며 지나가는 바람소리,
노래하듯 재잘거리는 새소리,
작은 돌 틈 사이로 흐르는 개울물소리,
수피(樹皮)로 흘러나오는 미세한 숨소리까지도…

이유는 알 수 없지만,
나로 하여금 더 많은 말을 하고 싶게 만든다.
내가 자연을 그리워했듯이
자연도 나를 그리워했나보다.

자연이 문득 내게 말을 걸어왔다.
그동안 잘 살았냐고
무슨 연유로 숲을 찾았냐고
지금 너는 행복하냐고…

한참을 생각했지만

쉽사리 대답하지 못했다.
좀더 자연에 귀 기울여보기로 했다.

숲 속에도 도시 못지않게 많은 소리가 있다.
하지만 필요 이상으로 볼륨을 높이지는 않는다.
그리고 저 잘났다고 떠들며
다른 이의 소리를 무시하는 불협화음 따위는 없다.

나는
조금은 알 것 같았다.

온갖
소음(騷音)에
소색((騷色)에
오염된 공기에
나의 눈과 귀와 코가 지쳐 있었던 것이다

아, 내게 필요했던 것은 고요함이었다.
그러나 내가 사는 도시에는 어디에도 고요함은 없었다.
그래서 도시에서 풍취(風趣)를 잃어버린 채 살았던 것이다.

도시는 온갖 변명을 하느라 늘 소란스럽다.
아무런 핑계거리를 찾지 않는 숲이 좋다.
진실의 본질은 고요함에 있다.

고요함을 잃으니 풍취를 잃었고
마침내 삶 전체가 건조해지고 말았던 것이다.

풍취를 느낄 수 있는 삶
내가 나다워지는 삶
아, 고요함이다.

숲이 아니면
누가 이 엄청난 비밀을 가르쳐주겠는가.

보물은
결코 찾기 쉬운 곳에 있지 않다.
그래서 숲길은 역겨운 도시를 피해
숲 속 깊은 곳에 숨어 있었나보다.

그저

낮아지게 하소서

낮아지게 하소서.
낮아지게 하소서.
더 이상 낮아 질 수 없을 때까지
그저 낮아지게 하소서.

가장 현명한 사람들은 가난한 사람 못지않게 실제로 궁핍을 달고 살았다. 동서고금을 막론하고 진정한 철학자, 참다운 성직자는 스스로 가난을 선택하고 청빈한 삶을 몸소 실천하였다. 그래서 우리는 그들의 말과 신조를 따르고 믿을 수 있는 것이다.

《월든》의 저자 헨리 데이빗 소로우는 다음과 같은 말을 했다. "오늘날 철학 교수는 있지만 철학자는 없다는 말이 있다. 철학자가 된다는 것은 단지 심오한 사색을 한다거나 어떤 학파를 세운다는 것이 아니라, 지혜를 너무나도 사랑하여 그의 가르침에 따라 소박하고 독립적인 삶, 너그럽고 신뢰하는 삶을 살아가는 것을 의미한다."*

그런 의미에서 보면 "목회자는 있어도 성직자는 없다."는 점도 마찬가지라는 생각이 든다. 누군가를 인도하거나 가르치는 삶은 지식의 전달에 그치는 것이 아니라 삶으로 모범을 보여야 한다는 것을 의미할 것이다.

사람이 단기간에 인기를 얻거나 대중의 주목을 받을 수는 있다. 그리고 많은 학식으로 사람들을 압도하며 찬사를 받을 수도 있다. 오늘날 대중들의 주목을 받으며 성공한 사람들은 대개 군자답거나 성인다워서라기보다는 자신의 이익을 대변해준다는 점

* 헨리 데이빗 소로우 저/강승영 역, 월든(Walden), pp.32~33, 2014, 은행나무

에서 박수를 보내는 경향이 있는데 이것은 아첨하는 신하로서의 성공에 불과하다. 고전이 명작으로 칭송받는 것은 시류에 영합하지 않은 것 때문이고 역사적으로 위대한 사람들은 인간의 본질에 대한 가치를 파악하고 거기에 무엇보다 우선하는 행동하는 삶을 살았기 때문이 아닐까.

왜 잘나가던 사람이 몰락하는 것일까? 왜 많은 나라와 민족이 흥망성쇠를 반복하는 걸까? 우리 자신은 그것에서 과연 자유로운 사람들인가? 라는 본질적인 질문들을 해볼 필요가 있지 않을까? 옛말에 "서면 앉고 싶고, 앉으면 눕고 싶고, 누우면 자고 싶다."는 말이 있다. 이것이야 말로 인간의 사치적 본능을 가장 잘 대변해주는 말이 아닌가 싶다.

영적인 삶을 산다는 것도 마찬가지다. 성서에 나오는 열두 제자, 바울, 선지자들, 그리고 마틴 루터 킹, 마르틴 루터, 존 웨슬리, 테레사 수녀, 존 버니언 등은 하나님과 함께 동행을 했거나 혹은 체험했거나 음성을 들었고, 이후 믿음을 지키며 살았던 사람들이다.

> 태초부터 있는
> 생명의 말씀에 관하여는
> 우리가 들은 바요,
> 눈으로 본 바요.
> 주목하고
> 우리 손으로 만진 바라. (요한일서 1:1)

이들이 하나님을 만난 시간이나 공간은 달랐어도 공통적인 것은 그 이후로 낮아지는 삶을 살았다는 것이다. 그 가운데 에베소 교인들에게 보낸 사도 바울의 기도는 영적인 삶이 무엇인지 잘 말해준다.

> 우리 주 예수 그리스도의 하나님, 영광의 아버지께서 지혜와 계시의 영을 너희에게 주사 하나님을 알게 하시고 너희 마음의 눈을 밝히사 그의 부르심의 소망이 무엇이며 성도 안에서 그 기업의 영광의 풍성함이 무엇이며 그의 힘의 위력으로 역사하심을 따라 믿는 우리에게 베푸신 능력의 지극히 크심이 어떠한 것을 너희로 알게 하시기를 구하노라. (에베소서 1:17~19)

영적인 삶은 철저하게 하나님께서 은혜 가운데 지혜와 계시의 영을 우리에게 주는 것에서 비롯된다는 것을 말해준다. 그래서 마음의 눈이 밝아짐으로써 하나님의 부르심의 소망이 무엇인지, 하나님이 주신 은사의 풍성함이 어떠한지를 알게 될 수 있다는 것이다. 그런 은혜 가운데 들어갈 수 있기를 바울은 에베소 교인들을 위해 기도한 것이다.

우리의 영적 삶에 있어서 성령의 관여하심이 얼마나 중요한지 알 수 있다. 성령은 태초에 아담에게 불어넣어 주셨던 생령의 새로운 버전이라고 할 수 있다. 오염된 영혼을 씻어내고 새로운 생명의 영이 오신 것이다. 그래서 새로운 영을 의지하여 살아야 한다. 성령은 우리 안에 계신 그리스도의 호흡이며 우리 생명 그 자체라고 할 수 있다. 성령은 진리를 깨닫게 해주시며 믿음으로 살도록 도와주신다.

내가 그리스도와 함께 십자가에 못 박혔나니 그런즉 이제는 내가 사는 것이 아니요 오직 내 안에 그리스도께서 사는 것이라.

이제 내가 육체 가운데 사는 것은 나를 사랑하사 나를 위하여 자기 자신을 버리신 하나님의 아들을 믿는 믿음 안에서 사는 것이라.(갈라디아서 2:20)

예수그리스도는 우리를 하나님 나라, 영혼이 거주할 거처로 초대하기 위해 한없이 낮아지셨다.

그는 근본 하나님의 본체시나 하나님과 동등 됨을 취할 것으로 여기지 아니하시고 오히려 자기를 비워 종의 형체를 가지사 사람들과 같이 되셨고 사람의 모양으로 나타나사 자기를 낮추시고 죽기까지 복종하셨으니 곧 십자가에 죽으심이라.(빌립보서 2:6~8)

예수님은 태초부터 하나님과 함께 계셨고 근본 하나님이셨다. 그 분은 작고 힘없는 아기로 자신을 나타내셨다. 그리고 이집트 난민으로, 순종하는 젊은이로, 평범한 어른으로, 세례 요한으로부터 세례를 받는 제자로, 그리고 소박한 사람들 몇 명을 제자삼아 전도자 사역했으며, 죄인들과 함께 음식을 나누고 이방인들과 거리낌 없이 대화를 나누며 사셨다. 그야말로 소외된 자들, 소박한 사람들, 이방인들, 죄인들과 격의 없이 지내며 한없이 낮아지셨다.

하늘의 권위와 영광을 다 버리고 우리의 눈높이에 맞추시기 위해 낮아지셨을 뿐 아니라 우리의 상상을 초월할 정도로 더 낮은 곳으로 오셨다. 철저하게 흔들림 없이 하나님의 아들로서 구원자로서의 사명을 다 이루셨다. 뿐만 아니라 예수님은 자신이 행한 모든 삶의 방식을 제자들에게도 가르치셨다.

제자가 그 선생보다 또는 종이 그 상전보다 높지 못하나니(마태복음 10:24)

그 분은 집요하게 낮아지는 길을 제시하셨다.

너희 중에 누구든지 으뜸이 되고자 하는 자는 너희의 종이 되어야 하리라. 인자가 온 것은 섬김을 받으러 온 것이 아니라 섬기려고 자기 목숨을많은 사람의 대속물로 주려함이라.(마태복음 20:27~28)

낮아지는 길이란 다름 아닌 십자가의 길이라고 가르치셨다.

자기 십자가를 지고 따르지 않는 자도 내게 합당하지 아니하리라. 자기 목숨을 얻는 자는 잃을 것이요 나를 영접하는 자는 나를 보내신 이를 영접하는 것이니라.(마태복음 10:38~40)

그렇다고 예수님이 지셨던 십자가를 상상하면 안 된다. 그렇게 되면 절대 도달할 수 없는 십자가가 되고 만다. 그래서 지레 겁먹을 필요 없다. 예수님께서 지신 십자가 같은 희생을 요구하신 것이 아니다.

하나님께서 믿음의 분량대로 주신 사명, 요컨대 각각 자신의 십자가를 져야함을 말하고 있다. 십자가를 지라는 말씀은 예수님을 받아들이라는 얘기이고 따르라는 말씀은 믿음대로 순종하며 살라는 의미이다.

그래서 먼저 예수님을 영접하는 것이 우선이다.

선지자의 이름으로 선지자를 영접하는 자는 선지자의 상을 받을 것이요. 의인의 이름으로 의인을 영접하는 자는 의인의 상을 받을 것이요. 예수님을 영접하는 자는 생명을 얻을 것이다. 또 누구든지 제자의 이름을 이 작은 자 중에 하나에게 냉수 한 그릇이라도 주는 자는 결단코 상을 잃지 아니하리라.(마태복음 10:41~42)

우리가 믿음으로 산다는 것, 요컨대 영적 생활을 한다는 것은 마치 신비스러운 세계로 들어가는 것으로 생각하면 안 된다. 오히려 지극히 세상적인 일에 눈길을 두어야 한다. 가난한 자, 억눌린 자, 억울한 자, 불평등으로부터 소외된 자들에게 눈을 돌리고 그들에게 다정하게 대하는 것을 말한다.

물론 쉽지 않을 수 있다. 그러나 더 이상 핑계나 변명이 통하지 않는다. 세상은 변해도 진리는 변하지 않기 때문이다. 예수님이 하신 말씀은 일점일획도 사라지지 않을 것이기 때문이다.

우리는 돈이나 권력, 명예 등으로 얻은 편리함이나 우월감 등을 이미 맛보았기 때문에 그것들을 쉽사리 물리칠 수 없을 것이다. 하지만 그것만 경험한 것이 아니다. 그런 것들이 저 깊은 내적인 평화나 영적인 삶에 도움이 되지 않음도 잘 알고 있다.

모 방송국에서 방영하는 '자연인'이라는 프로그램을 보신 적이 있는 사람은 알 것이다. 그들은 더 이상 잃을 것이 없고 더 바랄 것도 없다고 하나 같이 얘기한다. 갖가지 사연을 가지고 산 속으로 들어왔지만 대부분 지금의 삶에 만족 한다는 것이다.그들의 말과 표정을 통해 그 말의 의미를 알 수 있을 것 같다.

그 사람들인들 왜, 외롭지 않고 또 어려움이 없겠는가. 누가 매일 양식을 가져다주는 것도 아니고 돈을 보내주는 사람도 없을 것이기 때문이다. 낮아짐으로써 비로소 얻어지는 내적 만족이 아닐까 생각해본다.

낮아지는 생활방식은 그리스도께서 몸소 잘 보여주셨고 또 우리도 그와 같은 방식으로 살기를 바라신다. 여전히 성령을 통하여 우리에게 전하고 싶어 하신다. 생명의 길과 세속의 길이 근본적으로 어떻게 다르고 그 결과는 얼마나 다른지 사도 바울은 고린도교회에 보낸 편지에 잘 나타나 있다.

> 오직 은밀한 가운데 있는 하나님의 지혜를 말하는 것으로서 곧 감추어졌던 것인데 하나님이 우리의 영광을 위하여 만세 전에 미리 정한 것이라. 이 지혜는 이 세대의 통치자들이 한 사람도 알지 못하였나니 만일 알았더라면 영광의 주를 십자가에 못 박지 아니하였으리라.(고린도전서 2:7~8)

> 우리가 세상의 영을 받지 아니하고 오직 하나님으로부터 온 영을 받았으니 이는 우리로 하여금 하나님께서 우리에게 은혜로 주신 것들을 알게 하려하심이라. 우리가 이것을 말하거니와 사람의 지혜가 가르친 말로 아니하고 오직 성령께서 가르치신 것으로 하니 영적인 일은 영적인 것으로 분별하라. 육에 속한 사람은 하나님의 성령의 일들을 받지 아니하나니 이는 그것들이 그에게는 어리석게 보임이요, 또 그는 그것들을 알 수 없나니 그러한 일은 영적으로 분별되기 때문이라.(고린도전서 2:12~14)

위의 말씀은 영적인 삶의 의미를 간결하게 잘 설명해주고 있다. 영적인 삶이란 하나님의 지혜가 우리 안에 들어오시도록 하며 내 삶을 하나님이 직영하시도록 하는 것이다.

헨리 나우엔은 《세상의 길 그리스도의 길》이라는 저서에서 다음과 같이 낮아짐에 대해 언급하고 있다.

하향성은 하나님의 길이요,
십자가의 길이며,
또한 그리스도의 길입니다.
우리 주님이 성령을 통하여
우리에게 주고 싶어 하는 것이
바로 이 신적 생활방식입니다.*

영적인 삶은 물질만능시대, 첨단과학 기술시대에 별로 먹힐 것 같지 않는 허무맹랑한 한낱 종교 이야기로 치부해버릴지 모르겠다. 그러나 분명한 것은 예수님을 믿거나 영적인 치유가 필요하다면 반드시 따라야 할 생활방식이다.

사랑, 희락, 화평, 인내, 자비, 양선(良善), 충성, 온유, 절제는 예수 그리스도의 고상한 성품으로 우리가 배워야 할 소중한 가치다. 우상과 시기와 질투, 탐욕이나 방종이 판치는 세상에 한줄기 빛은 오직 영적인 삶을 추구하는 것이다.

육체의 일은 분명하니 곧 음행과 더러운 호색과 우상 숭배와 주술과 원수 맺는 것과 분쟁과 시기와 분냄과 당짓는 것과 분열함과 이단과 투기와 술 취함과 방탕함과 또 그와 같은 것들이라 전에 너희에게 경계한 것 같이 경계하노니 이런 일하는 자들은 하나님의 나라를 유업으로 받지 못할 것이요. 오직 성령의 열매는 사랑과 희락과 오래 참음과 자비와 양선과 충성과 온유와 절제니 이 같은 것을 금지할 법이 없느니라. 그리스도 예수의

* 헨리 나우엔(2020), 세상의 길 그리스도의길, p.28, IVP

사람들은 육체와 함께 그 정욕과 탐심을 십자가에 못 박았느니
라.(갈라디아서 5:19~24)

끌어내리려는 세상의 중력과 끌어 올리려는 성령의 능력을 분
별하면서 그리스도의 삶의 방식을 따르는 것이 바로 진리이다.
예수님이야말로 말씀과 행동이 일치한 진정한 철학자이시다.

〈낮아지게 하소서〉

낮아지게 하소서.
낮아지려고 할 때
어려움이 없을 수 없겠지요.
그럴 때마다
예수님이 낮은 자들과 함께 하셨던 일을
생각나게 하소서.

낮아지게 하소서.
낮아지려고 할 때
믿음이 약해질 때가 있겠지요.
그럴 때마다
예수님 옆구리의 못 자국을
생각나게 하소서.

낮아지게 하소서
낮아지려고 할 때
교만한 이성이 슬그머니 고개를 쳐들겠지요.
그럴 때마다

예수님이 손수 제자들의 발을 씻어주셨던 일을
생각나게 하소서.

낮아지게 하소서.
낮아지려고 할 때
세상의 유혹이 가만두지 않겠지요.
그럴 때마다
겟세마네 동산에서 기도하셨던 예수님을
생각나게 하소서.

낮아져라
낮아져라
하나님의 음성이 들릴 때
나무 뒤로 숨지 않게 하시고
약함을 고백하고 도움을 요청하며 기도하게 하소서.

낮아지게 하소서.
낮아지게 하소서.
더 이상 낮아 질 수 없을 때까지
그저 낮아지게 하소서.

인간의 양면성

질투와 거짓을 장착하면
세상에서 가장 큰 무기가 된다.
그 무기로 남을 죽일 수 있고
결국 자신을 죽일 수도 있다.

인간의 순박함은 유년기까지다. 좀더 정확히 말하자면 크리스마스 선물을 산타크로스 할아버지가 주신다고 믿을 때까지다. 학교를 들어가는 순간부터 남을 이기는 방법부터 배우기 시작한다. 그때부터 누구나 경쟁에서 이기려하고 남보다 강한 사람이 되고 싶어지게 만들어버린다. 그래서 그런 사람이 되는데 도움이 되는 것들을 숭배하기 시작한다.

그들이 존경하는 사람은 더 이상 나라를 위해 목숨을 바친 애국자나 인류를 위해 헌신한 위인, 각 분야에서 뛰어난 업적을 남긴 사람들도 아니다. 그저 자신에게 유익이 될 만한 사람들을 우러러본다. 부모를 숭배할 수도 있고, 아이돌을 숭배할 수도 있으며 자신보다 뛰어나거나 강한 사람들을 숭배한다. 그러나 대부분의 사람들은 돈, 명예, 권력 등을 숭배한다. 그리고 그것들을 소유하게 되었을 때 자신이 숭배의 대상이 되려고 한다. 자신도 모르게 신의 자리를 차지하고 있다.

세상을 살아가는데 있어서 선량함이나 온정주의 따위는 자신들을 강하게 하는데 아무런 도움이 안 되는 무용지물이라고 생각하는 듯하다. 자비나 배려는 손해를 보는 삶이라고 생각하게 된다. 인생은 지덕체(智德體)를 겸비하고 이를 더욱 연마하여 성숙해지는 과정이라고 말한다면 아마도 꼰대 취급받을 것이 분명하다.

남자는 잔혹함을 여자는 냉정함을 익혀서 세상을 대적할 준비를 차근차근 해나간다. 거리는 온통 무인협객이나 조폭들처럼 무표정한 사람들로 가득하다. 조금이라도 무슨 꼬투리만 잡히면 언제든지 싸움이라도 걸 태세다.

조금이라도 선량하거나 자애로운 모습을 보이면 약해빠진 사람 취급받기 일쑤이고 자선을 베풀거나 기부라도 할라치면 마치 기적이 일어난 것처럼 뉴스거리가 되어버린다. 분주하게 도시를 활보하고 있는 사람들을 보라. 언뜻 보기에는 자유스럽고 해맑아 보이지만 자세히 보면 잔뜩 어색한 얼굴을 하고 있고 언제든지 자신을 방어해야 한다는 생각에서 긴장의 끈을 놓지 않는 모습이다. 다만 온갖 치장으로 자신을 뽐내며 자신이 존재하고 있음에 관심을 가져달라는 듯이 자신만의 매력으로 어필하기도 한다.

요즘 젊은이들은 어른들에게 조언을 들으려 하지 않는다. 차라리 휴대폰을 꺼내 기계에게 묻는 편이 낫다고 생각하는 것 같다. 우리가 살고 있는 지구는 갈수록 생존에 적합한 곳과는 거리가 멀어지고 있다. 거기에 사회적인 생존경쟁까지 더해져 더욱 척박한 땅이 되어가고 있다. 서로 힘을 합쳐 살만한 땅으로 만들어가는 것에 관심을 집중시켜도 모자랄 판에 우리는 서로를 짓밟지 못해 안달하는 사람들처럼 서로를 갉아먹으며 살아가고 있다.

아무리 기계문명이 발달하고 그런 환경에 젊은이들이 더 잘 적응하기 때문에 어른들이 쓸모없는 것처럼 보일지 몰라도 어른들이 가지고 있는 경륜과 지혜는 쉽게 얻어질 수 있는 것이 아니다. 다만 어른들이 좀더 어른다워져야 한다는 점에는 백번 공감한다. 사회가 어른스럽지 못하는 이유는 어른다운 어른이 적다는 것이다.

오히려 젊었을 때 존경받았던 분들이 나이 들면서 이상하게 변해버린 경우들을 우리는 무수히 목도한다. 어른다워진다는 것이 그만큼 어려운 일이라는 얘기다. 몸이 늙으면 마음도 더불어 늙어야 한다. 하지만 몸은 늙어가는 데 마음은 여전히 젊음을 고집하고 있다. 그래서 여전히 젊은이들과 경쟁하려들고 조금도 양보하려 하지 않는다. 이런 현상은 결코 정상은 아니다.

우리 사회는 언뜻 보면 희망적으로 보이다가도 또 다른 쪽을 보면 미래가 암담해 보인다. 이것은 인간의 양면성 때문이다. 우리가 지니고 있는 선과 악, 긍정과 부정, 진짜와 가짜 등을 분별하는 능력을 키우는 것이 시급한 것 같다.

인간은 자신 혼자만의 성공으로 행복해지는 것이 아니다. 모든 인류는 서로 연결되어 있으며 서로에게 긍정적 에너지를 끼치지 못한다면 반대로 서로에게 부정적인 에너지를 주게 되어 나쁜 결과를 초래하기 때문이다.

진정한 선량함은 대가를 바라지 않는다. 따스한 햇살이 대지를 비추면서 생색내지 않고 봄바람이 정원을 스쳐갈 때 나무와 꽃들의 답례를 기다리지 않는 것처럼 우리가 사는 세상이 희망적이냐 절망적이냐는 우리의 자각(自覺)에 달려 있음을 말해준다. 나는 행복해지고 싶은데 남이 행복해지는 것은 달가워하지 않는다. 그렇다고 남이 불행해지는 것을 바라는 것은 아니다. 다만 자신이 남보다 더 낫다는 것을 확인하고 싶을 뿐이다. 인간이 지닌 양면성의 단면이다.

〈질투와 거짓〉

질투는 거짓을 낳고
거짓은 질투를 더 강하게 부추긴다.

질투는 위장을 전제로 이루어지기 때문에
좀처럼 알아차리기 쉽지 않다.
거짓은 발각되지 않는 것을 전제로 하기 때문에
참인지 거짓인지 구분하기 쉽지 않다.

질투와 거짓을 장착하면
세상에서 가장 큰 무기가 된다.
그 무기로 남을 죽일 수 있고
결국 자신을 죽일 수도 있다.

역사에서 조금만 질투를 줄일 수 있었다면
많은 사람들이 무고하게 희생되는 일을 피할 수 있지 않았을까.
세상에서 조금만 거짓말을 줄일 수 있었다면
많은 사람들이 좀더 평화로운 삶을 살 수 있지 않았을까.

역사는 질투와 거짓을 낱낱이 기록하지는 않는다.
그저 승자와 패자만을 기록하는 데 열을 올린다.

경건에 이르는 연습

인류는
방식만 다를 뿐
여전히 파국을 향해 질주하고 있다.

인류는 진보하고 있는가? 사회는 발전하고 있는가?

만약 그렇다면 누구를 위한 진보인가? 무엇을 위한 발전인가?

혹자는 어차피 역사는 우여곡절을 겪으며 진보한다고 말한 바 있다.

그렇다면 왜, 신은 말세를 얘기하겠는가?

고통으로 신음하는 날이 올 거라고 예언하고 있지 않는가?

들어보시라.

하나님보다 자기를 사랑하고 헛된 철학과 우상들이 영혼을 병 들게 할 것이라고 예언하고 있지 않는가?

그리고 믿는 사람들에게 말하길 그 같은 자들에게서 돌아서라 고 말씀하고 계시지 않는가?

사람들이 자기를 사랑하며 돈을 사랑하며 교만하며 비방하며 부모를 거역하며 감사하지 아니하며 거룩하지 아니하며 무정하 며 원통함을 풀지 아니하며 모함하며 절제하지 못하며 사나우 며 선한 것을 좋아하지 아니하며 배신하며 조급하며 자만하며 쾌락을 사랑하기를 하나님 사랑하는 것보다 더하며 경건의 모 양은 있으나 경건의 능력은 부인하니 이 같은 자들에게서 네가 돌아서라.(디모데후서 3:1~5)

사도 바울은 디모데에게 보낸 서신에서 경건에 이르기를 연습하라고 했다.

하나님의 말씀과 기도로 거룩하여짐이라. 네가 이것으로 형제를 깨우치면 그리스도 예수의 좋은 일꾼이 되어 믿음의 말씀과 네가 따르는 좋은 교훈으로 양육을 받으리라. 망령되고 허탄한 신화를 버리고 경건에 이르도록 네 자신을 연단하라.(디모데전서 4:5~7)

경건은 히브리어로 '할락 리페네 야웨'이다. 이는 '여호와 하나님 앞에서 걷다'라는 의미이다. 헬라어로는 '유세베이아'이다. 이는 '경외함으로 서다'라는 의미를 지니고 있다. 말하자면 경건은 하나님 앞에서 바르게 서고 올바르게 행동하는 것이라고 할 수 있다. 다윗이 경건한 신앙을 가졌을 때 이렇게 고백했다.

내가 여호와를 항상 내 앞에 모심이여
그가 나의 오른쪽에 계시므로 내가 흔들리지 아니하리로다.(시편 16:8)

야고보는 경건의 진정성에 대해 이같이 말했다.

누구든지 스스로 경건하다 생각하며 자기 혀를 재갈 물리지 아니하고 자기 마음을 속이면 이 사람의 경건은 헛것이라. 하나님 아버지 앞에서 정결하고 더러움이 없는 경건은 곧 고아와 과부를 그 환난 중에 돌보고 또 자기를 지켜 세속에 물들지 아니하는 그것이니라. (야고보서 1:26~27)

인류는 차를 발명했지만, 우리의 발을 더 쓸모없게 만들어버렸다.

인류는 컴퓨터를 만들어냈지만, 우리 머리를 더욱 퇴화시켜 버렸다.

인류는 더 풍요로워졌지만, 우리 영혼은 빈사 상태에 놓이게 되었다.

인류는 손쉽게 정보와 지식을 얻지만, 지혜를 분별하는 능력은 약화되고 있다.

우리는 세련된 게임을 즐기면서도, 정작 자연이 주는 소박한 즐거움은 외면하면서 살아간다.

세상에 러브스토리는 많지만 사람들은 사랑에 대한 허기를 호소하고 있다.

무슨 학파의 철학자든 우리는 그들을 모두 철학자라고 부른다.

하지만 모든 종파의 교인들을 그리스도인이라고 부르지는 않는다.

교회가 늘어난다고 기독교가 진보한 것이 아니라는 이야기다.

신학교에서 공부를 하고 수많은 설교를 들어도 경건의 능력을 부인한다면 신을 부인하는 것과 다를 바 없다.

세상이 발전하는 것처럼 보이는 것은 그저 착시현상일 뿐이다.

우리는 사물을 인식하고 판단하는 데 있어서

지나치게 시각(視覺)에 의존하는 경향이 있다.

세상의 진보가 진정한 진보인가도 의심스럽지만

그 진보가 우리의 영혼을 어쩌지는 못한다.

각 시대의 발명과 발견은 그 시대를 치장한 옷이나 장식품에 불과할 뿐 인간의 영혼을 고무시키지는 못한다.

인류의 발전은 자연을 갉아 먹는 방식이었는데 환경 훼손은 기후 변화를 불러왔다.

또 가족과 공동체를 해체시키는 결과를 초래하였는데 돈이 지배하는 도시로 뿔뿔이 흩어지게 만들어버렸다.

그렇다면 우리는 그곳에서, 그들에게서 돌아서야 한다. 헛된 철학과 우상들이 우리 영혼을 병들게 하는 것들로부터 하루속히 돌아서야 한다.

인류의 진보와 무관하게 우리 영혼은 날로 새로워져야 한다.

〈파국〉

세상은 몇 차례 파국을 맞이했었다.
에덴동산에서의 추방
노아의 방주
바벨탑
소돔과 고모라

그 이후로도
신(神)에 대한 모독은 계속되어 왔다.
인본주의
물질문명
기계혁명…

방식만 다를 뿐
여전히 파국을 향해 질주하고 있다.

행복하냐고?

아니,

감사해!

누군가 내게 묻더라.
너 행복하냐고?
그래서 대답했어.
아니, 감사하다고!

인생은 하찮게 보면 아름다움은 꽃보다 뒤지고, 생명은 보석보다 짧고 충성은 개를 앞서지 못하고, 힘쓰는 것은 황소만 못하며, 순결함은 풀잎에 맺힌 아침이슬만 못한다. 허나, 인생은 귀하게 보면 꽃을 가꾸고 짐승을 기르며 보석을 캐내는 지혜가 있어 모든 것보다 뛰어나 귀하고 귀하나니, 하나님은 말씀하시네. 인간의 마음은 세상의 무엇보다 심히 부패한 것이라고 인생의 고귀함은 당신을 경외하는 것에서부터 시작된다고.

만물보다 거짓되고 심히 부패한 것은 마음이라 누가 능히 알리요마는 나 여호와는 심장을 살피며 폐부를 시험하고 각각 그의 행위와 그의 행실대로 보응하나니 불의로 치부하는 자는 자고 새가 낳지 아니한 알을 품음 같아서 그의 중년에 그것이 떠나겠고 마침내 어리석은 자가 되리라.(예레미야 17:9~11)

현대는 가짜가 더 진짜 같은 세상이다. 그래서 우리를 때와 장소를 가리지 않고 현혹한다. 가짜 철학자는 가라. 그대는 자연에서 원인을 찾으려 하는가? 이것이 저것의 원인이 되고 저것은 그다음 것의 근거가 되고 그 다음 것은 또 그 다음 것을 말해준다.

모든 것은 연관되어 있는 것이다. 그대는 마음가짐을 달리하고서 물어야 한다. 그대는 자연을 느끼고 사랑해야 한다. 그것을 존재하게 하는 것만큼 거대한 영혼 앞에서 자연을 바라보아야 한다. 그전에는 알 수 없는 것이다. 누구든 알 수 없지만 사랑하고 즐겁게 누릴 것이니.*

〈삶이 원래 그래〉

놀아주지 않아도 괜찮아
좀 외로우면 어때
책 읽고 음악 듣지 뭐

가르쳐주지 않아도 돼
스스로 한번 해보지 뭐
하다 못하면 누군가 부를게

속 좀 상하면 어때
늘 좋을 수만은 없잖아
내일은 나아질 거야

생일선물 좀 못 받으면 어때
내가 태어난 것이 이미 선물인 걸

누군가 내게 묻더라.
너 행복하냐고?
그래서 대답했어.
아니, 감사하다고!

넌 참 욕심이 없구나.

* 랄프 왈도 에머슨(Ralph Waldo Emerson) 저/지소철 역. 에머슨의 위대한 연설, p.166, for book

아냐, 가질 수 없는 것을 탐내지 않을 뿐이야

너는 참 좋겠다.
긍정적이어서

왜 사람들은 반목하며 사는 걸까?
각기 다른 달란트를 가지고 있는데도
서로 상대방 것이 좋아 보여서 그런 것 같아

살다보면
뭐가 뭔지 모를 때가 많아
너는 어때?
삶이 원래 그래.

내면으로의 여행을

시작하라

우리가
꼭 알아야 할 것은
신뢰가 있는 사랑은
모든 것을 이긴다는 사실입니다.

인문학이 주로 인간의 역사나 문화, 그리고 사회 등 외부적 문제를 다루었다면 심리학은 사람의 내면을 들여다본다는 측면에서 의미 있는 학문이 아닐 수 없다. 바야흐로 심리학의 전성시대라고 이야기해도 될 만큼 서점에 심리학 서적이 차지하는 비중이 늘어나고 게다가 TV그램에도 심리학 박사들이 유명세를 떨치고 있다.

사실 심리학에 관심을 많이 갖게 되었다는 것은 그만큼 우리 사회가 심리적 불안, 번 아웃(burn out), 공황장애, 무기력증, 왕따문화 등으로 정신적 고통을 호소하는 사람들이 많아졌다는 증거다.

심리학은 인간 내부의 심적 현상에 관한 이론을 연구하는 학문으로서 인문과학을 비롯하여 자연과학, 공학, 예술분야 등에 많은 공헌을 해왔다. 특히 개인 삶의 질이나 사회공동체의 발전에도 기여하고 있다.

프로이트, 칼융, 에릭슨 등은 심리학 분야에 지대한 영향을 끼친 인물들이다. 그 외에도 빅터 프랭클, 랄프 왈도 에머슨 등은 신앙과 결부지어 인간의 영혼에 주목하게 하는데 크게 기여하였다.

또 켈리 하딩, 우즈홍 등은 관계심리학의 연구를 통해 인간은 많은 대상들과의 관계 속에서 살아가고 있고 그것들로부터 영향받지 않을 수 없으므로 이에 대한 대응이 중요하다고 강조하였다. 원인을 알아야 치유를 할 수 있다는 측면에서 단순히 인간 내부만을 분석한다고 해결되는 문제는 아니라고 보는 것이다.

사실 모든 학문이 그렇듯이 이제 고유의 영역을 뛰어넘어 서로 연결되어 있음을 알 수 있다. 그래서 모든 학문이 독자 영역으로서의 위상도 중요하지만 상호 보완관계에 있음을 인식하고 융합적 사고체계로 전환할 필요가 있다.

심리학(心理學, Psychology)은 간단히 말하면 마음(心)을 연구하는 학문이다. 마음은 영어로 heart, mind 등으로 표기하고 있다. 그런데 Psychology는 정신, 나아가 영혼까지도 포함하며 폭넓게 사용하고 있다.

행동심리학이라는 영역도 있는 것을 보아도 생각과 행동이 연결되어 있다는 것을 전제로 한 연구 분야이다. 또 심리적 질환을 치료하는데 정신과도 있지만, 신경과도 있다. 이것은 물리학, 화학, 생물학, 생리학 등 다양한 학문과 연결되어 있음을 말해주고 있다.

그 외에도 색채심리학, 원예심리학 등 자연과 예술 영역이 심리에 미치는 영향 등을 연구하는 경우도 있다.

이처럼 심리학은 육체와 영혼에 이르기까지 인간의 삶의 질과 건전한 공동체 형성을 위한 바람직한 대안을 제시하기 위한 매우 복잡다단(複雜多端)한 연구분야라고 이야기 할 수 있을 것 같다.

그래서 심리학은 다른 학문과는 달리 그 개념정의가 통일되지 않고 있는데 그 만큼 관계 영역이 많다는 것을 말해준다. 말하자면 수식어만 갖다 붙이면 또 하나의 영역이 탄생할 수 있는 분야이다.

그러나 그 많은 연결고리의 핵심은 사람의 '마음'이다. 다만 그 마음이라는 것도 생각, 정신, 영혼에 이르기까지 어떤 범위까지 수용하느냐에 따라 결과는 달라질 수 있음을 인식할 필요가 있다.

심지어 요즘은 디지털 심리학(Digital Psychology)이라는 용어까지 등장하고 있다. 이것은 주로 광고나 마케팅 등 상업분야에서 활용되고 있다. 빅 데이터는 사람들의 행태나 인터넷상의 표현들을 분석하여 사람들의 내면을 들여다보기도 한다.

인간의 육체가 하드웨어라고 한다면 마음은 소프트웨어에 해당할 것이다. 그런 점에서 마음이 우리 육체 안에 어떻게 자리 잡고 어떤 역할을 하느냐에 따라 삶의 질이 달라질 수밖에 없을 것이다. 그렇다면 어떻게 육체적 건강관리를 하느냐 못지않게 어떻게 마음관리를 하느냐도 중요할 것이다.

그런 의미에서 성서 말씀은 어떤 심리학 연구결과보다도 어떤 격언이나 명언보다도 우리의 삶의 질에 결정적 .영향을 줄 수 있다. 나는 성서보다 위대한 심리학 책은 없다고 단언할 수 있다. 왜냐하면 인류의 시작과 마지막, 모든 만물의 창조, 죄와 타락, 그리고 영혼 구원의 문제 등 인간이 고뇌하는 모든 문제를 담고 있고 또 해결의 실마리를 제공해주기 때문이다.

실제로 성서는 역사 속에서 철학, 문학, 과학 등 다양한 학문 분야의 모티프를 제공했고 시인이나 소설가, 예술가들에게 영감을 주었다. 그래서 인간 삶의 질에 지대한 영향을 미쳐온 것이 사실이다.

나 역시 무수한 성서말씀을 통해 영감을 받고 위로를 받고 내적 평화를 제공받고 있다.

> 네 보물이 있는 곳에 네 마음도 있느니라.(마태복음 6:21)
> 자족하는 마음이 있으면 경건은 큰 이익이 되느니라.(디모데전
> 서 6:6)
> 모든 지킬 만한 것 중에 더욱 네 마음을 지키라 생명의 근원이
> 이에서 남이라.(잠언 4:23)
> 여호와는 마음이 상한 자를 가까이 하시고 충심으로 통회하는
> 자를 구원하시는도다.(시편 34:18)
> 주의 구원의 즐거움을 내게 회복시켜주시고 자원하는 심령을
> 주사 나를 붙드소서.(시편 51:12)
> 마음이 상한 자에게 노래하는 것은 추운 날에 옷을 벗음 같고
> 소다 위에 식초를 부음 같으니라.(잠언 25:20)
> 모든 성경은 하나님의 감동으로 된 것으로 교훈과 책망과 바르
> 게 함과 의로 교육하기에 유익하니 이는 하나님의 사람으로 온
> 전하게 하며 모든 선한 일을 행할 능력을 갖추게 하려 함이라.
> (디모데후서 3:16~17)

우리는 예수 그리스도를 바로 앎으로써 하나님과 소통할 수 있
고 하나님과 제대로 소통하게 되면 모든 불안, 초조, 불신, 우울
등이 사라지고 자존감이 높아지고 진정한 자유를 누릴 수 있을
것이다. 그리고 불확실성의 시대를 살아가는 우리에게 엄청난 선
한 에너지와 긍정적 사고를 제공할 것이다.

> 진리를 알지니 진리가 너희를 자유롭게 하리라.(요한복음 8:32)

프로이트는 《환상의 미래(The future of an illusion)》에서 다음과

같이 말했다. "종교는 인류의 보편적인 강박신경증이다. 그것은 어린아이의 경우처럼 오이디푸스 콤플렉스나 아버지와의 관계에서 유래한다."* 그러나 그것은 종교의 일부 현상만 보고 하는 말이다. 그것도 병든 종교심에서 비롯된 현상만 보고 확대해석한 것이 아닌가 생각한다.

종교 자체를 그 본질과는 상관없이 뭔가에 억압된 듯한 혹은 미신 행위 등으로 보는 것이다. 그것은 아마도 기존 신앙인들의 잘못된 믿음이나 행동을 보고 판단했을 거라 생각한다.

그렇다면 반대의 지적도 할 수 있다. 현대의 지식과 과학이 인간의 이성을 지나치게 신격화한 측면은 없지 않은지 생각해볼 일이다. 과학 혹은 심리학이 인간의 내면을 속속들이 파헤칠 수 있고 치유할 수 있다고 생각하는 것도 오만이다. 물론 그런 모든 것들이 융합적으로 연구되어야 할 필요가 있다. 어떤 쪽이든 극단적으로 치우치는 것은 바람직하지 못하다.

성서를 보면 인간의 존엄성이 신에게 "아니요."라고 말할 수 있을 정도로 인간에게는 '자유의지'가 주어졌던 것처럼 학문의 존엄성도 진리탐구의 독립성을 보장받는 절대적 자유에 근거를 두고 있음을 간과해서는 안 될 것이다. 인간의 자유가 "아니요."라고 말할 수 있는 자유를 포함해야 하는 것처럼 학문적 탐구의 자유에서도 그 결과가 종교적 믿음과 확신에 반하여 나타나게 될 위험성도 배제해서는 안 된다.**

인간의 자유 범위를 제한하지 않고 수용하는 자세야말로 그가

---

* 빅터 믈랭크 저/정태현 역, 무의식의 신, p.79, 한님성서연구소
** 전게서, p.85

과학자이든, 철학자이든, 신앙인이든 진리에 대한 모순을 해결하며 성공적인 삶을 살 수 있을 것이다.

그런 의미에서 나는 성서가 심리에 미치는 영향, 그리고 심리학적 관점으로 성서를 대하는 것도 의미가 있다고 생각한다. 실제로 요즘 성서적 심리학에 대한 연구들이 이뤄지고 있는 것을 보면 바람직한 현상이라고 할 수 있다.

우즈홍은 사람이 성장하는 과정은 고독을 견디는 법을 배우는 과정일 뿐만 아니라 마음에 사랑을 담아두는 과정이라고 했다.* 모든 것이 풍요로운 현대인들이 아이러니하게도 마음에 품은 것이 없어 외롭다고들 한다. 프로이트 이후 많은 정신분석학자들은 관계심리학의 중요성을 역설하며 가족, 친구, 이웃 등을 사람들과의 연결된 관계, 요컨대 네트워크가 개인은 물론 사회적 공동체를 유지하는 시스템이라고 말하고 있다. 이유야 어찌되었든 외로운 사람들을 보살피거나 구제할 사회적 시스템이 작동하지 않고 있다는 점이다. 그래서 병원을 찾아 약물에 의존해 보지만 일시적인 효과는 있을지 모르지만 근본적인 처방은 아니라는 것이 문제다.

그래서 그런 상황을 벗어나기 위해서는 마음에 무엇을 두느냐가 중요하다. 지금 자신의 마음을 살펴보자. 미움과 증오, 질투와 시기, 열등의식, 외로움, 탐욕 등으로 가득 차 있는 것은 아닌지. 만약 그렇다면 용서와 사랑, 믿음과 소망, 배려와 친절, 온유와 관용 등으로 대체해야 할 것이다.

그리고 의지할 만한 친구를 만드는 것도 중요하다. 자신의 허

* 우즈홍 저/박인영 역, 내 영혼을 다독이는 관계 심리학, p.124, 리드리드출판

물을 문제 삼지 않고 자신의 처지를 이해해주는 편한 사람을 옆에 두어야 한다. 그래서 마음속의 문제를 털어 놓고 흉금 없이 대화할 수 있어야 한다.

그것만으로도 부족하면 반려 동물, 반려 식물, 미술, 음악, 독서, 자연 산책하기, 정원 가꾸기 등을 통해 감동하는 습관을 늘려야 한다. 그러면 자연스럽게 자신의 마음속에 감사하는 마음이 생길 것이다.

우리의 마음에 무엇을 두느냐에 따라 우리의 생각이, 말이, 행동이 달라질 것이다. 우리 몸과 마음은 에너지를 먹고 산다. 그것은 음식이 될 수 있고, 좋은 소식이 될 수 있고 기분 좋은 경험이 될 수 있으며 훌륭한 명언이 될 수 있으며 좋은 사람이 될 수 있다.

무엇보다 위대한 에너지는 앞에서 열거한 모든 것들의 근원인 하나님이라는 점을 잊어서는 안 될 것이다. 그래서 우리 안에 하나님의 말씀을 담아둘 것을 권하고 싶다. 왜냐하면 하나님은 세상을 창조한 원초적 에너지의 주인이시고 그 말씀은 다른 어떤 사람의 말과는 차원이 다른 힘을 가지고 있기 때문이다.

하나님의 말씀은 살아 있고 활력이 있어 좌우에 날선 어떤 검보다도 예리하여 혼과 영과 및 관절과 골수를 찔러 쪼개기까지 하며 또 마음의 생각과 뜻을 판단하나니 지으신 것이 하나도 그 앞에 나타나지 않음이 없고 우리의 결산을 받으실 이의 눈앞에 만물이 벌거벗은 것 같이 드러나느니라.(히브리서 4:12~13)

내가 전한 복음대로 다윗의 씨로 죽은 자 가운데서 다시 살아나신 예수그리스도를 기억하라. 복음으로 말미암아 내가 죄인과

같이 매이는 데까지 고난을 받았으나 하나님의 말씀은 매이지 아니하리라.(디모데후서 2:8~9)

많은 심리학자들은 인간 상호관계에 주목한다. 공동체가 건전하고 사랑이 넘칠 때는 상대적 박탈감이나 외로움이 어느 정도 해소될 수 있으나 그렇지 않는 무한 경쟁사회의 시스템 속에서는 서로가 상처를 주고받으며 상대를 이해하고 손을 내밀어주는 경우는 흔치 않기 때문에 상처를 안고 살게 된다.

그로인해 상대에 대한 신뢰감이 떨어지고 우호감이나 친밀감 역시 감소하며 결국 자신감을 잃게 된다. 그래서 인간관계에 있어서 신뢰회복은 매우 중요한 요소가 아닐 수 없다.

신뢰는 깊은 우물과 같다. 퍼내도 다시 채워진다는 걸 알기 때문에 물을 사용하는 것을 걱정하지 않는다. 신뢰는 쓸데없는 걱정을 없애준다. 그러나 신뢰가 부족한 사회는 문을 굳게 잠그고 담장의 높이는 더 높아져만 가며 심지어 CCTV를 설치하여 철저하게 관계를 끊는 것에 열중한다.

믿음이 없이는 사람도 하나님도 기쁘게 할 수 없다. 이것이 진리다.

믿음이 없이는 하나님을 기쁘시게 하지 못하나니 하나님께 나아가는 자는 반드시 그가 계신 것과 또한 그자 자기를 찾는 자들에게 상(償) 주시는 이심을 믿어야 할지니라.(히브리서 11:6)

또 믿음은 우리 인생의 가장 큰 숙제인 영혼의 치유와 구원의 문제를 해결하는 마스터키와 같은 것이다. 그래서 하나님 말씀을 들어야 하고 배워야 하고 확신을 가질 수 있도록 기도해야 한다.

바울은 아래와 같이 고백했다.

그러므로 믿음은 들음에서 나며 들음은 그리스도의 말씀으로 말미암았느니라.(로마서 10:17)

무엇을 믿느냐는 매우 중요하다. 그것이 물질이나 권력이거나 혹은 헛된 철학이나 세상의 교훈이 아닌 예수님의 말씀에서 비롯된 것이어야 한다.

너희 보물이 있는 곳에 너희 마음도 있느니라.(누가복음 12:38)

우리가 말씀으로 우리 마음을 채운다는 것은 바로 사랑을 채운다는 의미이기도 하다. 왜냐하면 하나님은 사랑이시고, 궁극적으로 하나님 나라의 법은 사랑의 법이기 때문이다.

사랑하지 아니하는 자는 하나님을 알지 못하나니 이는 하나님은 사랑이심이라.(요한일서 4:8)

새 계명을 너희에게 주노니 서로 사랑하라. 내가 너희를 사랑한 것 같이 너희도 서로 사랑하라.(요한복음 13:34)

피차 사랑의 빚 외에는 아무에게든지 아무 빚도 지지 말라 남을 사랑하는 자는 율법을 다 이루었느니라.(로마서 13:8)

사랑은 친밀한 관계를 유지할 수 있는 최고의 수단이다. 하나님과 소통하는 것도 사람들과 소통하는 것도 궁극적으로 '사랑' 안에 답이 있다. 사랑이라고 말하면 너무 거창한 것만을 떠올릴 수 있는데 그럴 필요는 없다. 동료에게 차 한 잔 권하는 일, 무거운 짐을 들고 가는 사람의 짐을 나누어 드는 일, 어려운 사람에게 작은 온정이라도 베푸는 일, 신호등이 없는 횡단보도에서 편하게 건널 수 있도록 수신호를 해주는 일, 정원을 가꾸며 이웃에게 씨앗을 나누는 일, 이런 작은 배려와 다정함이 사회 곳곳에서 이루어진다고 생각해보자. 얼마나 아름다운 풍경인가. 하나님도 감동하지 않으시겠는가.

《다정함의 과학》의 저자 켈리 하딩은 "외로움은 혼자 있을 때 느끼는 것이 아니라 누군가와 교감하지 못한다고 느낄 때 발생한다."*고 했다. 또 마하트마 간디는 "인류의 위대함은 사람 자체가 아닌 사람다운 것에 있다."**고 했다. 말하자면 인간 개개인의 품성이 결국 역사를 만들어 가는 것이다. 그래서 우리는 인간의 본질적 속성을 규명하고 그 정체성을 찾아가는 길을 모색해야 할 것이다.

> 하나님이 자기 형상 곧 하나님의 형상대로 사람을 창조하시되 남자와 여자를 창조하시고 하나님이 그들에게 복을 주시며 하나님이 그들에게 이르시되 생육하고 번성하여 땅에 충만하라. 땅을 정복하라. 바다의 물고기와 하늘의 새와 땅에 움직이는 모든 생물을 다스리라 하시니라. (창세기 1:27~28)

> 그러나 내가 하나님의 성령을 힘입어 귀신을 쫓아내는 것이면 하나님의 나라가 이미 너희에게 임하였느니라. (마태복음 12:28)

우리는 하나님의 신성을 닮았다는 점에서 얼마든지 고상해질 수 있다는 것을 말해준다. 그리고 성령이 관여할 세상이므로 어

---

* 켈리 하딩 저/이현주 역, 다정함의 과학, p.83, 더퀘스트
** 전게서, p.283

떤 것도 두려워할 필요가 없다는 것이다. 심지어 귀신들도 무서워할 필요가 없음을 말해준다.

> 여호와께서 사탄에게 이르시되 네가 내 종 욥을 주의하여 보았느냐 그와 같이 온전하고 정직하여 하나님을 경외하며 악에서 떠나는 자는 세상에 없느니라.(욥기 1:8)

> 여호와를 경외하는 것이 지식의 근본이거늘 미련한 자는 지혜와 훈계를 멸시하느니라.(잠언 1:7)

하나님의 궁극적 가르침은 사랑이다. 그래서 우리 인류의 모든 문제의 해결을 위하여 우리는 서로 사랑해야 한다. 먼저는 하나님이고 다음은 이웃이다. 그것이 나를 사랑하는 것이고 모두가 행복해지는 길이다.

우리는 하나님과 무관한 것들에 너무 많은 시간과 에너지를 소비한다. 자신의 마음마저도 빼앗기고 만다. 우리는 하나님을 사랑하고 이웃을 사랑하는 마음으로 채워야 한다. 하나님을 경외하는 삶만이 나를 구하는 유일한 길이기 때문이다.

〈내가 너희 안에 너희가 내 안에〉

주님은
믿는 자에게 이렇게 말씀하셨습니다.
성령을 선물로 주시겠다고

성령은
하나님이 아담에게 불어넣어주셨던 생령으로
완전히 새로운 버전입니다.

그래서
예수님 안에 우리가
우리 안에 예수님이
있을 수 있다고 약속하셨습니다.

더 이상 완벽한 장치는 없을 것입니다.
안팎에서 우리를 지켜주시겠다는 위대한 약속입니다.

그래서
우리는 늘 진실을 위해 힘써야 하고
그 분과 진솔한 대화를 위해
마음 문을 열어 놓아야 합니다.

하나님은 졸지도 아니하시고
주무시지도 아니하시며
한 시도 눈을 떼지 않으시며
우리를 보살피십니다.

때로
침묵하시고 계시는 것처럼 느껴질 때도
사실 방관하시는 것이 아니라
때에 따라 아름다운 것을 주시려는 것입니다.

또 하나
우리가
꼭 알아야 할 것은
신뢰가 있는 사랑은 모든 것을 이긴다는 사실입니다.

어떤 계명이

가장

크니이까?

한때 씨앗이었고
또 한때 꽃이었으며
때가 되니 열매가 되었다.
그것은 결국 하나였던 것이다.

어떤 율법사가 예수님을 시험하여 율법 중에서 어떤 계명이 가장 크냐고 예수님께 여쭈었다. 그래서 예수님은 다음과 같이 대답하셨다.

예수께서 이르시되 네 마음을 다하고 목숨을 다하고 뜻을 다하여 주 너의 하나님을 사랑하라 하셨으니 이것이 크고 첫째 계명이요 둘째도 그와 같으니 네 이웃을 네 자신 같이 사랑하라 하셨으니 이 두 계명이 온 율법과 선지자의 강령이니라.(마태복음 22:36~40)

하나님을 사랑하는 것이 먼저이고 이웃을 자기 몸 같이 사랑하라고 말씀하신다. 도저히 할 수 없는 것으로 생각할 만한 말씀이다. 얼마나 급진적이고 받아들이기 곤란한 말씀인가?

이것은 자신과 자신의 가족뿐 아니라 사회적 책임과 윤리에 대해 말씀하신 것이다. 이것은 기존의 사고방식으로는 받아들이기 힘든 혁신적인 사고를 요구하고 있는 것이다. 계명 중의 계명, 그렇다면 이것은 신앙의 핵심이라고 할 수 있다.

우리의 정치는 누군가의 권리를 앞세운다. 그것이 진정성이 있느냐는 별개의 문제라고 치더라도 우리의 삶은 각자의 권리를 주장한다. 그러나 하나님의 백성은 이웃의 필요, 자유, 행복이 자신의 것만큼이나 중요하다고 일갈하고 있다.

하나님은 개인의 삶 못지않게 공동의 선(善)을 중시하고 계신다는 것을 알 수 있다. 따라서 기독교가 신뢰를 회복하고자 한다면 이웃사랑의 원리를 인식하고 그것을 실천하는 일부터 시작해야 할 것이다. 만약 그렇지 않는다면 머지않아 교회지붕의 십자가는 자취를 감추고 말지도 모른다. 말하자면 신앙고백 차원에서 신앙의 실천에 초점을 맞춰야 할 것이다.

교회가 분열을 막지 못하고 오히려 분열을 조장하거나 배타적인 태도를 거둬들이지 못한다면 공동의 선을 이룰 수 없을 뿐만 아니라 기독교를 더욱 위축시킬 것이다. 예수님은 세상의 어떤 인물보다 여전히 인기가 높다. 예수님의 어떤 점 때문에 사람들이 열광했으며 따랐는지 곰곰이 생각해볼 일이다.

우리가 여전히 그것을 인지하지 못한다면 성경을 새롭게 읽어야 하고 새로운 변화를 모색할 필요가 있다. 복음이 우리 삶을 바꾸지 못한다면 복음에 대한 오해가 있거나 그 능력을 과소평가한 것은 아닌지 성찰해 볼 일이다.

주기도문에 있는 내용인 "나라가 임하옵시며 뜻이 하늘에서 이루어진 것 같이 땅에서도 이루어지이다."(마태복음 6:10)라고 자주 기도한다. 하지만 우리는 그 기도가 진심인 것처럼 그것을 바라고 있고 또 그렇게 살고 있는지 되돌아볼 필요가 있다.

예수님은 개인의 형통이나 교회의 성장을 위한 든든한 지원자에 불과한 분이신가? 그렇지 않다. 그것이 의미 없다는 뜻이 아니다. 더 큰 계명을 주목해야 한다는 것이다. 한 청년에게 "누가 너의 이웃인가?"라고 물으셨던 예수님의 뜻이 무엇인지 알아야 한다. 예수님은 그 대답으로 강도 만난 사람을 도와준 사마리아인을 예로 들었다.

우리 이웃은 옆집이나 가까운 곳에 사는 사람을 말하는 것이 아니다. 전 지구적 관점에서 우리는 지구촌을 지킬 수 있도록 서로에게 선한 이웃이 되어야 한다. 교회공동체나 편협한 교리에 갇혀 더 이상 세상을 향해 한 걸음도 나아가지 못한다면 먼저 된 자로서 충성을 다하고 있다고 말 할 수 없을 것이다.

진리를 외면하면 진리가 우리를 외면하게 될 것이다. 신앙공동체의 시스템이 제대로 작동을 못하고 있다면 대대적인 혁신이 필요하다. 여전히 예수님께서는 우리를 부르고 계신다.

누구든지 자기 십자가를 지고 따르지 않는 자도 능히 내 제자가 되지 못하리라.(누가복음 14:27)

회개하라. 천국이 가까웠느니라 하였으니.(마태복음 3:2)

그러므로 어디서 떨어졌는지를 생각하고 회개하여 처음 행위를 가지라. 만일 그리하지 아니하고 회개하지 아니하면 내가 네게 가서 촛대를 그 자리에서 옮기리라.(요한계시록 2:5)

개인의 소망과 공동체의 소망은 별개의 것이 아니다. 서로 굳건하게 연결되어 있음을 간과해서는 안 될 것이다. 하나님은 더 이상 특정인들이나 특정 민족을 위한 하나님이 아니시다. 만백성의 주인이시다.

그러므로 주 안에서 갇힌 내가 너희를 권하노니 너희가 부르심을 받은 일에 합당하게 행하여 모든 겸손과 온유로 하고 오래 참음으로 사랑 가운데서 서로 용납하고 평안의 매는 줄로 성령이 하나 되게 하신 것을 힘써 지키라. 성령이 한분이시니 이와 같이 너희가 부르심의 한 소망 안에서 부르심을 받았느니라.(에베소서 4:1~4)

그러기 위해서는 우리의 삶이 예배가 되어야 한다. 의를 드러내는 하나님의 말씀은 모든 이에게 공평하시다. 하나님의 말씀은 우리들을 치유하시고 위로하시고 궁극적으로 구원에 이르게 하신다. 그래서 우리의 예배, 즉 삶은 더욱 중요해진다. 예언자 아모스는 그 사실을 직시하며 말한다.

내가 절기들을 미워하여 멸시하며 너희 성회들을 기뻐하지 아니하나니 너희가 번제나 소제를 드릴지라도 받지 아니할 것이요 너희의 살진 희생의 화목제도 내가 돌아보지 아니하리라. 네 노랫소리를 내 앞에서 그칠지어다. 네 비파소리도 내가 듣지 아니하리라. 오직 정의를 물 같이 공의를 마르지 않는 강 같이 흐르게 할지어다.(아모스 5:22~24)

하나님이 기뻐하시는 예배는 정의와 공의를 실현하고 확장하는 것이다. 무엇이 잘못되었는지를 알아야 바로 잡을 수 있다. 그들 속의 불공정과 모순을 알아야 한다. 그리고 그것들을 바꾸고 회복해 나가야 한다.

하나님은 영이시니 예배하는 자가 영과 지리로 예배할지니라.
(요한복음 4:23)

우리도 그렇게 살아야 하지만 어린아이와 젊은이들에게도 가르쳐야 한다. 그래야 미래가 있기 때문이다. 이웃이 평안해야 우리도 평안하게 살 수 있다. 우리는 모두 연결되어 있다.

마땅히 행할 길을 아이에게 가르치라 그리하면 늙어도 그것을 떠나지 아니하리라.(잠언 22:6)

너희는 내가 사로 잡혀 가게 한 그 성읍의 평안을 구하고 그를 위하여 기도하라. 이는 그 성읍이 평안하므로 너희도 평안할 것임이라.(예레미야 29:7)

존 웨슬리는 공동의 선을 강조하면서 다음과 같이 가르쳐주었다.

할 수 있는 모든 수단을 사용해
할 수 있는 모든 방식으로
할 수 있는 모든 곳에서
할 수 있는 모든 때에
할 수 있는 모든 사람에게
할 수 있는 한 할 수 있는 모든 선을 행하라.*

〈사랑은〉

서로 다른 남녀는 부부로 하나가 된다.
사랑은 하나 되는 것이다.

한때 씨앗이었고
또 한때 꽃이었으며
때가 되니 열매가 되었다.

* 짐 월리스 저/박세혁 역, 하나님의 편에 서라, p.425, IVP

그것은 결국 하나였던 것이다.

사람들은 자신과 타인을 구별하고
심지어 내 편, 네 편을 가른다.
이것은 사랑에 대한 오해에서 비롯된 것이다.

하나님은 창조주이시고
애초에 모든 것을 하나로 연결해 놓으셨다.
그러나 사람들의 불신으로 파편이 되어 흩어져버리게 되었다.

사랑은 하나다.
믿음과 사랑만이 하나로 이어지게 할 수 있다.

하나님의 사랑방식

세상은 하나님의 장엄으로 충전되었다.
그것은 흔들린 금박에서 쏟아지는 빛처럼 불꽃을 발하리라.
그것은 눌리어 스며나는 기름처럼 모여서 커진다.
그런데 사람들은 그 분의 권능에 이토록 무심한가?

하나님의 시선은 항상 선지자나 사도나 제자들에게 가 있는 것이 아니다. 하나님을 찾지 못하고 삶을 버거워하는 사람들에게 늘 가 있지요. 아흔 아홉 마리 양을 산에 그대로 놔둔 채 잃어버린 한 마리 양을 찾기 위해 온 눈길을 그들에게 주시는 것만 보아도 알 수 있다.

하나님은 매순간 사람에게 공급하시는 에너지가 있다. 그것은 다름 아닌 사랑이다.

만약 삶이 공허하거나 두렵거나 기쁨이 없거나 감사가 없다면 하나님으로부터 공급받은 에너지를 점검해 볼 필요가 있다.

하나님은 그 사랑을 먼저 받은 사람들이 나중 사람들에게 나누어주길 바라신다. 하지만 대부분의 사람들은 먼저 받은 사랑을 자기 안에 가둬두고 다른 사람에게 나누어 주는 것을 꺼려한다.

그래서 하나님은 화를 내는 대신 먼저 받은 자를 뒤로 보내고 받지 못한 자를 앞으로 내세우기도 한다. 순서를 바꾸어보지만 여전히 사랑은 제대로 순환되지 않는다. 하나님의 뜻대로 세상이 이루어지지 않고 있는 것은 사랑이 사람들의 마음속에서 좀처럼 세상 밖으로 나오지 못하고 있기 때문이다. 이웃에게 전달되지 못하는 이유이다.

하나님의 뜻은 우리 모두가 서로 서로 사랑하는 것이다. 그러나 사람들의 생각은 다른 것 같다. 사랑이 나가면 다시 돌아오지 못하게 될 거라는 걱정이 있는 것 같다.

사랑이 마치 무슨 소유물인 것처럼 차곡차곡 쌓아두려는 것 같다.

하지만 오랜 묵힌 사랑은 자기애(自己愛)로 굳어져버리고 만다. 콘크리트처럼 굳어버리기 전에 제때 사용해야 하는 것이 사랑이다. 하나님의 사랑은 무한 리필이기 때문이다. 믿음이 온전한 자는 하나님이 어떤 분이시라는 것을 잘 안다. 하나님은 사랑, 그 자체이시다.

하나님이 우리를 사랑하시는 사랑을 우리가 알고 믿었노니 하나님은 사랑이시라. 사랑 안에 거하는 자는 하나님 안에 거하고 하나님도 그의 안에 거하시느니라.(요한일서 4:16)

사랑은 사용하면 할수록 넘쳐나는 화수분 같은 것이다. 또 오병이어의 기적처럼 많은 사람들의 욕구를 채우고도 넘쳐난다. 엘리야를 대접한 과부의 항아리를 채우시는 것처럼 먹을거리 걱정할 필요 없게 한다.

사람들의 그릇된 믿음이 사랑도 소망도 흐릿하게 만들어버리네요. 어쩔 수 없이 하나님은 우리에게 때로 혹독한 시련도 주시고 고통도 주시며 우리를 강하게 키우시는 것 같다.

〈하나님의 장엄〉

세상은 하나님의 장엄으로 충전되었다.
그것은 흔들린 금박에서 쏟아지는 빛처럼 불꽃을 발하리라.
그것은 눌리어 스며나는 기름처럼 모여서 커진다.

그런데 사람들은 그 분의 권능에 이토록 무심한가?

세대를 이어서 짓밟고, 짓밟고, 짓밟아 왔구나.
모두가 생업으로 시들고, 노역으로 흐려지고 더럽혀져
인간의 때를 입고 인간의 냄새를 피우는구나.
토양은 이제 헐벗고, 발은 신에 싸여 느낄 수가 없구나.

그런데 이러함에도 자연은 다함이 없구나.
만물 깊은 곳에 가장 소중한 신성함이 살아 있구나.
비록 마지막 빛들이 검은 서쪽 너머 가 버렸어도
오, 아침은 동편 갈색 언저리에서 솟아오르나니
성령께서 이 구부러진 세상을 따뜻한 가슴으로
그리고 아! 찬란한 날개로 품고 계시기 때문이다.*

*　제라드 홉킨스 저/김영남 역, 홉킨스 시선, 하나님의 장엄. p.76, 지식을만드는지식

자신을 내려놓을 때

깨달음이 온다

우리 영혼은 스스로 독립할 수 없다.
하나님과 소통하고 사람들과 소통하지 않으면
거룩함도 생명력도 잃어버리게 된다.

세상을 이기기 위해서는 더 강해져야 한다. 세상에 살아남기 위해서는 더 높아져야 한다. 세상에 이름을 떨치기 위해서는 더 유명해져야 한다. 더 높이, 더 멀리, 더 빨리, 경기에서 승리하면 메달을 걸어준다. 실패하고 좌절하면 세상의 조롱거리가 된다. 이것이 우리가 알고 있는 세상의 진실이다. 이것이 우리가 알고 있는 세상의 현실이다. 꼭 그렇게 메달을 얻어야만 성공한 인생일까?

감히 말하지만 그것은 바로 생각의 오류다. 오랫동안 세상이 우리를 그렇게 생각하도록 세뇌시킨 것이다. 우리는 거기에서 깨어나야 한다. 깨달음은 약함과 겸손할 때 찾아온다. 때로는 고통과 좌절 속에서 찾아오기도 한다. 많이 소유하지 않더라도 많이 높아지지 않더라도 우리가 더 행복할 수 있음을 알아야 한다.

우리는 살면서 죄를 짓지 않을 수 없다. 살다보면 허물이 없을 수 없다. 중요한 것은 죄를 짓지 않는 것이 아니라 죄를 솔직히 고백하고 뉘우치지 않는 것이다. 우리를 깊은 수렁으로 몰아가는 것은 실수나 약함이 아니라 오히려 교만이나 무지다.

"영원한 햇살도 존재하지 않지만 끝나지 않는 폭풍우도 없다." 는 말이 떠오른다. 말하자면 기쁨도 슬픔도 일시적이라는 뜻이다. 긴 어둠을 뚫고 태양이 떠오르듯이 모든 것에는 때가 있다는 점이다. 중요한 것은 우리가 있는 곳이 아니라 우리가 나아가야 할 곳이다. 그곳으로 시선을 돌려봐야 한다. 세상사에 일희일비하며 시간을 낭비할 필요가 없다.

우리는 늘 선택의 기로에 선다. 대홍수 직전의 노아가 사람들의 손가락질을 당하면서도 방주를 만들었고, 소돔 땅에서 롯은 그곳을 나와 죽음을 피했고, 모세는 홍해 앞에서 좌절하지 않고 순종하므로 바다를 건널 수 있었다. 그들의 선택 기준은 '순전한 믿음'이었다.

영국의 소설가 길버트 키스 체스터턴은 이렇게 표현했다. "나는 인간에게는 운명이 없다고 믿는다. 그러나 행동하지 않는 인간에게는 정해진 운명이 생긴다고 믿는다.'"* 어떤 선택이든 하나를 선택하면 나머지 하나는 버려야 한다. 다시 시작하는 사람에게 주어진 선물은 영적 변화다. 영적 변화는 하나님의 창조사역에 동참한다는 의미다. 하나님은 인간의 불신과 죄악이 세상에 관영했을 때도 완전히 쓸어버리지 않으셨다. 노아의 방주 때도, 소돔 땅에서도 언제나 쓸모 있는 사람과 쓸모 있는 것들을 남기셨다.

그런데 예수님의 오심은 그 보다 훨씬 통 큰 은혜의 선물보따리를 가지고 오셨다. 한 마리의 잃은 양을 찾으시는 분이시다. 모든 사람을 구원할 계획을 가지고 오신 것이다. 우리는 그것에 주목해야 한다. 새로 시작한다는 것이 모든 것을 쓸어버리고 새로운 것을 창조하신다는 뜻이 아니라 우리를 새롭게 거듭나게 하고자 하신 것이다. 그런데 그것을 우리만 모르고 있는 것 같다.

* 조앤치티스터 저/박정애 역, 모든 일에는 때가 있다. p.129, 카톨릭출판사

지난날의 낡은 율법과 사고와 행동은 모두 변화되어야 함을 말해준다. 우리가 새로워지기 위해서는 새로운 변화를 두려워해서는 안 된다. 만약 새로운 변화에 관심이 없다면 우리 눈앞에 펼쳐져 있는 낙원을 포기하는 꼴이다.

새로운 삶을 살기 위해서 과거 자신의 삶에 선을 긋고 과감히 변화를 시도해야 한다. 부와 명성과 권력 등에서 여전히 눈을 떼지 못한다면 앞으로도 여전히 혼돈 속에서 헤매게 될 것이다. 변화를 결심한 사람들에게만 영적인 선물이 주어진다. 새로 시작한 삶은 창조적 삶이 된다. 새로 시작한 삶은 영적인 예술가가 되는 것이다.

어쩌면 깨달음 직전에 이르기까지 여러 가지를 경험할 수도 있다. 옛날 방식이 훨씬 더 유혹적이어서 우리를 앞으로 한 걸음도 나가지 못하게 등 뒤에서 잡아끌 것이다.

깨달음으로 가는 길에 놓인 최고의 장애물은 우리들이 신의 자리를 차지하고 있는 것이다. 그것은 마지막을 알고 있는 사탄의 속삭임이자 무지의 결과이다. 그것이 어찌나 달콤하고 매력적인지 선뜻 포기하기 쉽지 않을 수 있다. 하지만 거기에 속아 넘어가는 것은 한 순간에 자신의 존재, 생명을 포기하는 것과 다름없다. 더 이상 한 없이 자비로운 하나님과 함께 할 수 없을지도 모른다.

하나님은 늘 우리 곁에 있다. 사탄도 우리 주변을 맴돌고 있다. 그러나 겁낼 것은 없다. 하나님은 모든 것을 창조하신 분이다. 그래서 모든 것을 포함하고 계신다. 모든 것을 이기시는 분이시다.

마이스터 에크하르트는 이런 말을 했다. "버리고 취하기의 궁극은 하나님을 버리고 하나님을 취하는 것이다."* 이것은 하나님에 대한 관념, 지식으로 배우는 것에 집착하지 말고 은유로 표현

되는 초월적인 하나님의 사랑에 주목해야 함을 말해주고 있다. 우리가 생각하는 하늘 나라는 무엇인가? 그것은 우리의 깨달음 속에 있다. 우리의 믿음 안에, 이웃들의 얼굴에, 우리의 적들에게도 존재하시는 하나님을 믿을 수 있어야 한다.

하나님을 신뢰하는 믿음 안에서만 하나님과 소통할 수 있다. 영원하신 하나님을 추구하는 사람은 삶의 목표가 죽음이라는 것에 더 이상 두려워하지 않는다. 여전히 두려움과 욕망에서 벗어나지 못한다면 영원한 세상의 주인이신 하나님께 자신을 위임하지 못할 것이다.

본향으로 귀환한다는 것은 하나님의 영광의 빛을 볼 수 있게 된다는 의미이다. 또 인생이라는 일시적인 여행을 뒤로 하고 영원의 나라로 가는 비행기에 탑승하는 것에 비유할 수 있을 것이다.

세속적인 탐욕이나 상실에 대한 공포, 죽음에 대한 두려움에 자신을 방치하지 말고 스스로 지혜로운 선택을 할 필요가 있다. 그렇게 될 때 우리의 삶은 훨씬 평화롭고 기쁨이 넘치게 될 것이다.

〈거룩한 영혼〉

사람이 만물 중 가장 고상할 수 있는 이유는
하나님의 생령을 받은 영혼을 소유하고 있기 때문이다.

그 영혼의 주성분은 사랑이다.
그 영혼을 사용할 때만이 비로소 사람이다.

* 조지프캠벨 저/다이앤 K. 오스본 엮음/박중서 역, 신화와 인생, p.163, 갈라파고스

사랑하며 사는 것이 바른 삶이다.
사랑, 사람, 삶은 어쩌면 동일한 의미인지도 모른다.

그 영혼이 우리 몸속에만 머물러 있으면
호흡이 끊기는 것처럼
사랑도 지혜도 발휘할 수 없게 된다.

우리 영혼은 스스로 독립할 수 없다.
하나님과 소통하고 사람들과 소통하지 않으면
거룩함도 생명력도 잃어버리게 된다.

영혼은 어떤 한 기관이 아니다.
뇌나 가슴에 머물러 있는 유기물이 아니다.
인체의 모든 기관을 움직일 수 있도록
에너지를 불어넣는 우리 몸의 주인이다.

영혼의 주인은 하나님이시다.
우리가 영혼에 주목할 때
비로소 사람다워질 수 있다.

영감이라는 것이 작동하게 된다.
거기서 달콤한 시가 흘러나오고
아름다운 노래가 울려 퍼질 것이다.
하나님을 알고 믿고 사랑하며 살게 될 것이다.

씨 뿌리는 자의 영성

온 대지에 새겨진
희생과 은혜와 사랑과 자유에서
나는 그것들을 떠받들고 계시는
거대한 손길을 보았네.

봄에 씨 뿌리는 자의 마음은 이미 가을에 가 있다. 하지만 씨가 자라서 가을걷이를 하기까지는 많은 시간이 소요된다. 이 기다림을 지루하다고 말하는 사람은 참 농부가 아니다.

씨를 뿌리고 물을 주는 것으로 최선을 다해 보지만 그 결과에 대해서는 아무도 장담할 수 없다. 다만, 씨 뿌리는 사람이 가져야 할 마음가짐은 끈질긴 인내심과 영성이다. 그런 자만이 하늘을 향해 기도한다. 최선을 다해 땀을 흘리고 하늘의 뜻을 기다리는 자 참된 농부이다. 진인사대천명(盡人事待天命)이 바로 그 뜻이다.

어디 농부뿐이랴. 미래를 생각하지 않는 사람은 씨를 뿌리지 않는다. 당장의 기쁨을 찾는 사람들은 완성된 것만을 원한다. 씨를 뿌려보지 않는 이들이 과연 농부의 수고를 알까? 씨를 뿌리는 사람들은 저마다의 때를 믿는 사람들이다.

사도 바울은 이같이 말했다.

이는 그가 모든 지혜와 총명을 우리에게 넘치게 하사 그 뜻의 비밀을 우리에게 알리신 것이요 그의 기뻐하심을 따라 그리스도 안에서 때가 찬 경륜을 위하여 예정하신 것이니 하늘에 있는 것이나 땅에 있는 것이 다 그리스도 안에서 통일되게 하려 하심이라. 모든 일은 그의 뜻의 결정대로 일하시는 이의 계획을 우리가 예정을 입어 그 안에서 기업이 되었으니 이는 우리가 그리스도 안에서 전부터 바라던 그의 영광의 찬송이 되게 하려 하심이라.(에베소서 1:8~12)

그 '때'라는 것은 하나님의 모든 지혜와 은혜가 합하여 가장 적절한 시기, 완벽한 순간이 되었음을 말해준다. 문제는 씨 뿌리는 자가 그때가 언제일지 모르기 때문에 때로는 인간의 이성을 초월한 기다림이 요구되는 것이다.

때가 차매 하나님이 그 아들을 보내사 여자에게서 나게 하시고 율법 아래에 나게 하신 것은 율법 아래에 있는 자들을 속량하시고 우리로 아들의 명분을 얻게 하려 하심이라.(갈라디아서 4:4~5)

하나님께서 이스라엘 백성을 애굽으로부터 구해내신 다음, 40년을 광야생활을 하시게 하신 것은 감히 상상도 하지 못했을 것이다. 그 과정에서 하나님이 그들에게 줄곧 요구하셨던 것은 바로 영성이었다.

영성이 없으면 하나님과 소통할 수 없기 때문이었다. 이스라엘 백성은 광야에서 하나님과의 불통으로 많은 시간을 허비한 것이다. 그럼에도 불구하고 하나님께서는 무한한 은혜를 베풀며 동행하셨으니 이 얼마나 감사한 일인가!

〈구원〉

정원에 붉게 핀 장미꽃에서
나는 그 분의 희생을 보았네.

들에 핀 백합의 환한 미소에서
나는 그 분의 은혜를 보았네.

산들과 들판을 가로지르는 강줄기에서
나는 사랑을 보았네.

공중을 나는 새의 날갯짓에서
나는 자유를 보았네.

온 대지에 새겨진
희생과 은혜와 사랑과 자유에서
나는 그것들을 떠받들고 계시는
거대한 손길을 보았네.